おもしろい人が
無意識にしている

神 雑談力

株式会社 俺
代表取締役

中北朋宏

東洋経済新報社

はじめに

「人間の悩みは、すべて対人関係の悩みである」と心理学者のアドラーは言っていました。

私としては、少し言い過ぎでは……とも思っています。

ただ、本書を手に取っている「あなた」は、間違いなく人間関係に悩んでいることでしょう。


人間関係に悩む多くの人は、「あなたのことを好きな人」や「あなたが大切だと思う人」ではなく、「あなたのことを嫌いな人」や「あなたが苦手だと思う人」に意識を奪われ、関係性を改善しようと時間を費やしてしまいます。

このような思考のことを私は、

「破滅思考」と呼んでいます。

「破滅思考」を持っている人は……

「人から嫌われたくない」
「いつも人の顔色を窺ってしまう」
「本当の自分を見せられている気がしない」
「知り合いは多いが信用できる人は少ない」
「飲み会のような集団の場をできれば避けたい」
「面白いことを言わないといけないというプレッシャーがある」
「困ったときに協力してくれたり助けてくれる人がいない」

といった悩みを一つは抱えているのではないでしょうか。
もし、このような悩みで、心を焦がしているなら本書の「神雑談力」をお読みいただければ、「笑い」ながら解決できることをお約束します。

◇「普通の雑談力」と「神雑談力」の違いは何か

人間関係の悩みを抱えた人が、やみくもにコミュニケーション関連の書籍を読んだり、人と接する機会を増やしたところで、一向に悩みは解決できません。

ただただ、表面的な会話に時間を費やし、自分の人生にとって必要のない人たちと関わる機会が増えるだけです。

あなたはこんな言葉で雑談を始めていませんか？

普通雑談

今日は暑いですね！毎日、毎日嫌になってしまいます。

これは、間を埋めるだけの雑談です。共感を誘う狙いがあるのかもしれませんが、その日やその場が暑いのは、多くの人にとって当たり前のことです。特別な共感を生み出すこともありません。

それでは、このような言葉を入れたらどうでしょう。

神雑談

今日は暑いですね。
午前中にお伺いした御社と同じ業界のお客様では……（続ける）

普通の雑談にも聞こえますが、相手の無意識に「この営業さんは、他の会社にも引っ張りダコなのかも」と間接的にすり込めます。

また同じ業界の動向を伝えられれば、「この営業さんは色んな情報を持っていそう」「この営業さんからは学べそう」といったように信頼獲得につなげることもできます。

一流の人や話が面白い人は、このような「相手にどうなってほしいか」という意図を持った神雑談を無意識のうちにしています。

他にも営業シーンに限らず、職場でのコミュニケーションなども含めた日常の中でどのような神雑談があるかというと……、

●初めて配属された部署での「自己紹介でターゲットを絞る」

普通雑談

趣味は映画です。

神雑談

趣味は映画です。『パッチ・アダムス』が好きです。特に〇〇のシーンで目頭が熱くなりました。

●上司・先輩に対して「有言実行である印象をつける」

普通雑談

お勧めしてもらった本買いました。面白かったです。

神雑談

お勧めしてもらった本を読み、書いてある内容を実践したら〇〇のような変化がありました！

●尊敬する相手に気持ちを「ストレートではなく心に刺さる伝え方をする」

普通雑談

この前の話、結構、感動しました。

神雑談

（聞こえるか聞こえない声でしみじみと）
この前の話、本当に感動したんだよな……。

●相手が「本音を気持ちよく話す相槌をする」

普通雑談

さすがです・なるほど・そうなんですね～。

神雑談

（マズローの欲求5段階説に合わせて）
すごい・面白い・変わってますね！

●管理職として「落ち込む部下を元気づける」

普通雑談

君また失敗したのか？

神雑談

（ポジティブな言葉でイジる）

失敗の切り口が斬新でいいね！

どれもシンプルで大したことがないように思えるかもしれませんが、その効果は絶大です。
具体的に私が、この「神雑談力」を身につけて何を得たのかというと……

①営業の契約率が2・5倍になった

②未経験から人事系コンサルに入社して3年で営業ナンバーワンになった

③中北軍団をつくり、当時若手の離職率80％だった会社を0％にした

④社会人歴6年で独立し、数名だが社員を雇用する経営者となった
⑤メディアへの出演や取材の依頼が来るようになり書籍を3冊出版した
⑥売れていないお笑い芸人時代から年収が104倍になった
⑦大切な人と時間を共にするようになり幸福感が高まった

人間関係だけではなく、仕事での成果や年収が増え、さらには協力してくれる人ができ、人生そのものが変わるほどの効果がありました。

「普通の雑談」が、「当たり障りないお喋り」だとするのであれば、「神雑談力」とは、**「あなたと仕事がしたいと思わせる力」**です。

◇「神雑談力」を身につけるための3つのフェーズ

「あなたと仕事がしたい」と思わせるためには、表面的な関係をつくるだけでは到達できません。

関係構築の3つのフェーズを全て獲得することで得られる効果と言えます。つまり、「神雑談力」とは、目の前の相手との関係を築き、さらに深める力とも言えるわけです。

では、このような「神雑談力」を身につけるためにはどうしたら良いのか。まずは関係構築には3つのフェーズがあることを理解する必要があります。

その3つのフェーズには異なる目的とスキルが存在しています。

具体的にどのようなものかというと……、

①関係開始：この人は良い印象だ
②関係継続：この人をもっと知りたい
③関係深耕：この人の力になりたい

このように3つのフェーズと目的があり、①~③のフェーズに応じたスキルを身につけることで「神雑談力」を手に入れることが可能になるわけです。

まず、**第1~3章は「関係開始」の章**です。

実は、雑談とは違い「神雑談力」というのは、**相手と出会った7秒間を最も重視**しています。

なぜなら、人は出会って7秒で相手の印象を決めるといわれているからです。出会ってからの数秒間で、相手から自分への印象を良くしていくためにはどうしたら良いのか。また1対1ではなく、苦手意識を持つ方も多い集団の場ではどのように振る舞えば良いのか。またお酒を交えた集団の場で現れるモンスターの退治の仕方など。

これらについて「笑いのメカニズム」も踏まえながら解説していきます。**「なぜ、あなたの発言はスベるのか……」**という物悲しいテーマにも切り込んでいきます。

第4章は「関係継続」の章です。

「最初、会ったときは話が弾んだのに、そこから仲良くなれない」など、悩まれている方も多いのではないでしょうか。

そんな方に向けて、ただ話をしたことがある人、顔見知り、といったところから相手に「あなたのことをもっと知りたい」と思ってもらい関わってもらうための手法をこの章で解説していきます。

先に、ポイントを1つお伝えさせていただくと、この段階で大切なのは「様々な人と広く関わる」というよりも**「深く関わる人を選ぶ」**ということです。実は、人間は友達になれる数が決まっていると言われています。つまり、関わる必要のない人の断捨離を行っていく必要があります。

第5章は「関係深耕」の章です。

この章では関係構築の最後の仕上げをしていきます。具体的には、関係構築の最終段階すなわち「神雑談力」の目的となる「あなたの力になりたい」と思わせるための手法、もう少しビジネス的に言うと**「大きなことを成すための本物の人脈の作り方」**です。

この手法を獲得することができれば、「あなたが大切だと思う人」に囲まれ仕事や生活を送れるようになり、あなたの人生が劇的に変化することをお約束します。

第6章は「行動継続」の章です。

第1~5章まで、様々なノウハウをお届けしますが、これらを身につけるためには「継続してやり続ける」ことが大切になります。

この誰しもが一度はぶち当たったことがあるであろう「行動継続の壁」。

これを打ち破り自身のコミュニケーション能力を磨き続けるにはどうしたら良いのか、この章で解説をしています。

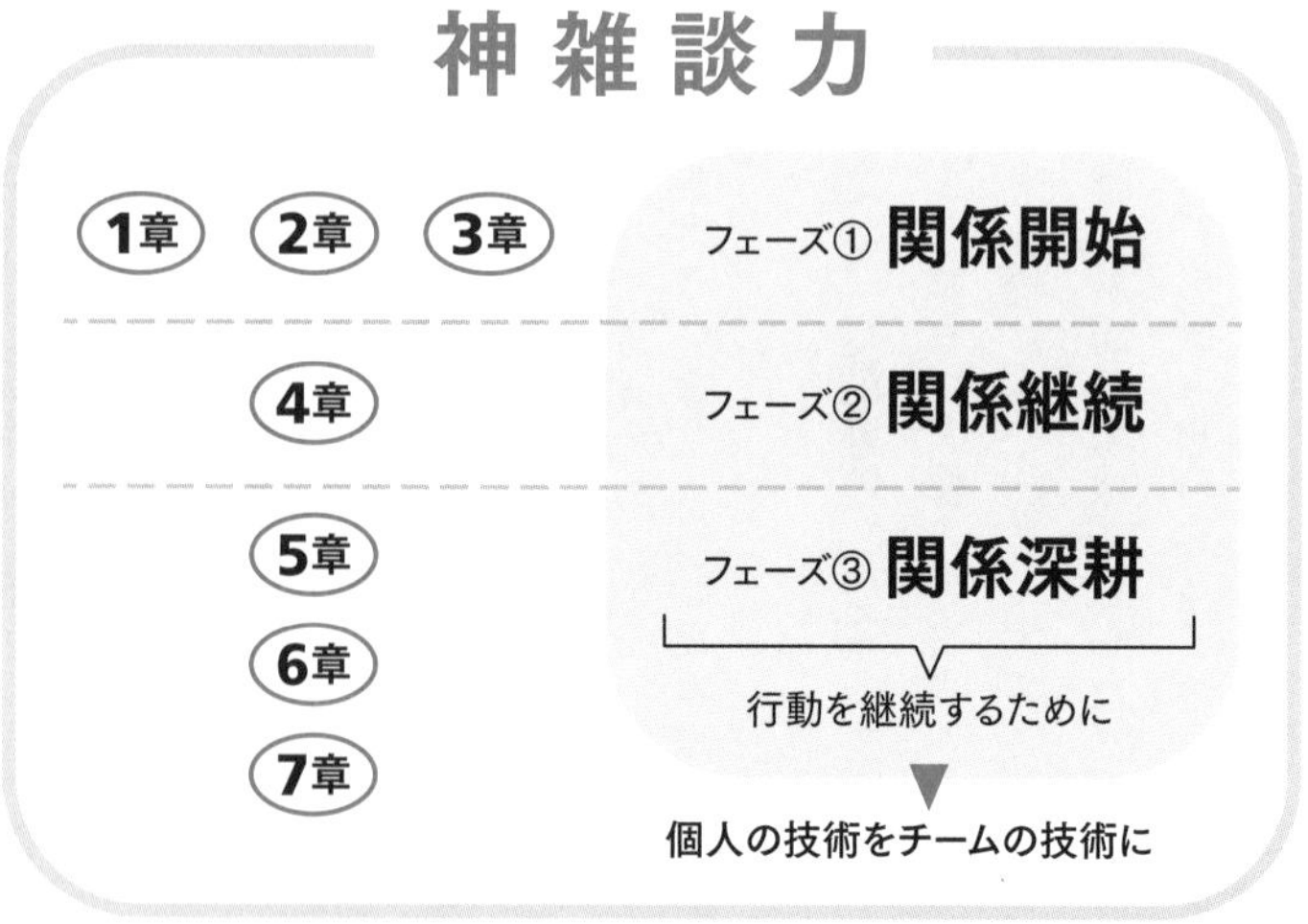

第7章は「チーム作り」の章です。

第1～6章では、自分自身のコミュニケーション能力を磨き、自分の働き方・環境や生き方をいかに変えていけるかを話しています。

本書で伝えている「神雑談力」はこうした自分自身への影響だけでなく、チーム作りにも活かし影響を及ぼすことができます。

ぜひ、「上司としての自信が持てない」「人が何も言わずに辞めてしまう」「一体感のあるチームを作りたい」こうした悩み・課題を持つ方に読んでいただきたい章です。

◇「世の中を今よりもちょっと面白おかしく」

そろそろ私が、何者かを簡単にお話しさせてください。

「世の中を今よりもちょっと面白おかしく」というビジョンを掲げて「株式会社俺」という自己主張が強い名前の会社を経営しています。

「株式会社俺」では、どのような事業を展開しているかというと**①笑いの力で組織を変える「コメディケーション（※）」**と**②お笑い芸人からの転職支援「芸人ネクスト」**の二つの事業を展開しています。

※コメディケーションとは……コメディ×コミュニケーションを掛け合わせた株式会社俺が作った造語です。

本書では、「神雑談力」に加えて、これまでのお笑い芸人時代に数々の「一流芸人の先輩方に学ばせていただいたスキル」や人事コンサルタント時代に**「自社の離職率を０％にしたノウハウ」**、そして株式会社俺の経営者として**「２６０社、２万６０００名以上の方と関わり完成した神雑談力」**を余すことなくお伝えできればと思います。

また過去の私の間違った関係構築から生まれた数々のしくじり体験も豊富に入れていま

す。

例えば、お笑い芸人時代に「サッカー日本代表との飲み会の席でしくじった話」、社会人時代に「パワハラ上司に仕返しした話」、株式会社俺の経営者として「行動指針を作ったが体に合わず咳が止まらなくなった話」など、あなたが読めば**「よく心折れずに笑顔で生きていられるね」**と思えるような失敗談も掲載しました。

本書を読み終えた頃には、「著者だから出来るスキルでしょ」ではなく、「こんな著者でも出来るならやってみても良いかも」と、きっと勇気が湧いてくるはずです。

ぜひ、著者の人生を覗き見するかのように読んでいただき、笑ってもらえたら幸いです。

さあ、お待たせしました。

あなたのことを嫌いな人に囚われる「破滅思考」を消し去り、神雑談力を身につけて**「あなたと仕事がしたい！」**こう言ってくれる人で周囲を満たしていきましょう。

株式会社俺　代表取締役　中北朋宏

おもしろい人が無意識にしている

神雑談力

目次

はじめに

第1章 会って7秒の印象が勝負を決める

第2章

笑いは最強の武器である

第3章 集団の場のコミュニケーションを制する

第4章 次も会いたいと思われる神雑談力

第5章

自然とまわりから協力してもらうコミュニケーション術

第6章

自分らしさを知り、行動継続を楽にする

第7章

楽しく、心理的安全性のあるチームを作る

第1章

会って7秒の印象が勝負を決める

今日は、あなたが就職した会社への出社初日だったとしましょう。

最初の人間関係の悩みといえば、「職場に馴染めるだろうか」「上司・先輩は話しやすい人だろうか」「同僚に気の合う人はいるだろうか」だと思います。

つまり**「人間関係を開始するためにはどうすれば良いか？」**で悩むことが多いと思います。これに悩まない人は、異常なほどの自信家か、自分を理解していない愚か者の類いか、はたまた誰からも嫌われたことのないコミュニケーションの化身だと私は思います。

当然ですが、これは「あなただけ」に限った話ではなく数多くの人が同じような悩みを抱えています。

私の職業柄、多くの企業様で「職場の人間関係で悩んでいる」という内容の話を多くお伺いします。ただ、どのフェーズで悩んでいるかが整理されておらず、何から手をつければ解決するかが導き出せず混乱している方が多くいます。

◇ 仕事の人間関係には3段階しかない

ここで最初に押さえていただきたいのは、人との関係構築には3つのフェーズがあるということです。それぞれ目的があり、必要なスキルも異なります。

①関係開始：この人は良い印象だ
②関係継続：この人をもっと知りたい
③関係深耕：この人の力になりたい

①〜③のフェーズを分かりやすくするために、「相手がどう思うと良いのか」という相手主語の観点で目的を記載しています。このように相手主語で見える化すると、「確かに①〜③で必要なスキルは違うぞ」とご理解いただけるのではないでしょうか。

この章では、「①関係開始：この人は良い印象だ」と、相手が興味を抱くためには何が必要かについて書いていければと思います。基本的に小難しいことは一切なし。文章に目を通した瞬間から使えるスキルをお渡しします。読み終えたらすぐにでも、外へ駆け出し、コンビニの店員の方にでも試してみてください。もしくはWebミーティングを設定して実践してください。効果を実感していただけると思います。

もし、関係開始の目的である「この人は良い印象だ」ではなく、他の目的が良いと感じる方は、別の目的に置き換えていただいてかまいません。ぜひ、自分に合う目的設定をし

図1◆関係構築には3つのフェーズがある

1	関係開始	（相手から） この人は良い印象だ
2	関係継続	（相手から） この人をもっと知りたい
3	関係深耕	（相手から） この人の力になりたい

中原淳、小林 祐児、パーソル総合研究所著
『働くみんなの必修講義 転職学 人生が豊かになる科学的なキャリア行動とは』
（KADOKAWA、2021年4月）を参考に著者作成

て読んでいただけると効果が発揮されやすいです。

※目的の例……この人は面白そうだ／この人と話をしてみたい／いい人そうだ／信頼できそうだ、など。

まず絶対に押さえないといけない理論を今から2つ紹介します。

ポイント

コミュニケーションには「相手がどう思うと良いのか」という目的が存在する

◇【絶対に押さえておきたい】メラビアンの法則：本当の使い方

まず1つ目の理論として、メラビアンの法則からご紹介します。ご存知の方も多いと思います。ただ、多くの方が「見た目が重要です……」などの表面的な理解で思考停止し、本来のメラビアンの法則の活用方法まで行きついていないことが多くあります。

もし、あなたが表面的な理解であるのであれば、今日がメラビアンの法則について真に理解した日としていただければと思います。必ずあなたに大きな変化を及ぼします。

関係開始の時点では、この理論は、絶対に外せない理論となります。

まずは、一般的な部分から説明していきます。メラビアンの法則では、人は人の印象を判断するときに**「視覚情報55％」「聴覚情報38％」「言語情報7％」**の割合で判断している。つまり視覚情報＝見た目だけで印象を判断してしまう、という法則です。大抵の方は、ここで法則の理解を終えています。

一方で、この「視覚情報・聴覚情報・言語情報」という3つの情報だけで人は人を100％判断しているのであれば、この3つの情報さえ自分でコントロールすることができれば自分の印象を簡単に操作することができるのです。

図2◆印象の重要性

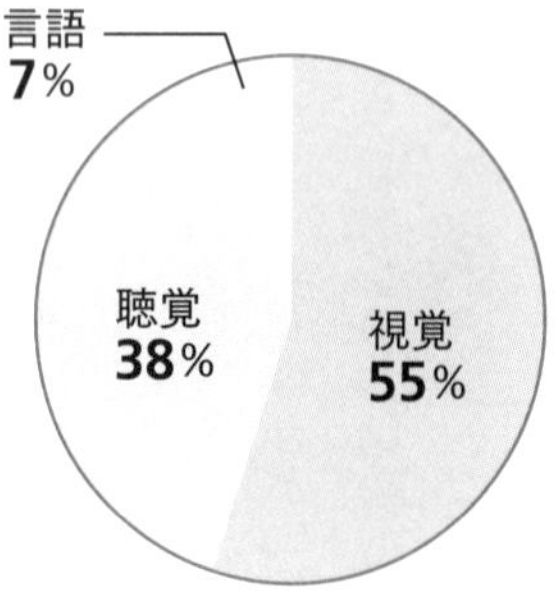

メラビアンの法則

・第一印象は出会って数秒で決まる

・初対面時、言語、視覚、聴覚で矛盾した情報が与えられた時に優先されるのは視覚が55%、聴覚が38%、言語が7%

人は「人を判断する」ことを
とても簡単な情報で行っている

つまり、3つの情報さえ演出してしまえば、いい印象を簡単に与えることができるということです。

「はい。そう言われましても……」

そんな声が聞こえてきそうです。安心してください。分かりやすく具体例をお出しします。

●お笑い芸人の場合：オードリーの春日俊彰さん

・**視覚情報**：ピンク色のベスト・テクノカットの髪型・ゆっくりと歩く

・**聴覚情報**：ゆっくりと話す

・**言語情報**：ご飯を食べて「うまし」と言う・数個の一発ギャグを所有

図3◆含まれる具体的な要素

視覚情報	見た目・表情・しぐさ・視線
聴覚情報	声の質・話す速さ・声の大きさ・口調
言語情報	言葉そのものの意味・話の内容

この情報を意図的に自分で演出して
周囲に発信すると思い通りの印象をつけることができる

●ビジネスパーソン：あるベンチャーの創業社長

・**視覚情報**：オレンジ色のジャケット・ネクタイ・携帯ケース・キャリーケース（コーポレートカラーを使用）

・**聴覚情報**：声が大きい・はっきりと断定的に話す

・**言語情報**：「日本の未来」「自分の大きなビジョン」など、過去ではなく未来について語る

お笑い芸人からビジネスの世界に入ってきた時に、私は一つ確信したことがあります。それは何かというと**「簡単に周囲から抜きん出られる」**ということです。

平凡な才能しかない私が、6年で起業する

まで力がつきました。なぜそれが実現できたかというと、私が出会ってきたビジネスパーソンの90%以上の方々が、自己プロデュースへの意識が著しく低いからです。

自分をアピールし他者と差別化することが当たり前のお笑いの世界にいた私からすると「もったいない」の一言です。

例えば、「なぜ、その色のシャツ・ネクタイを身につけるのか?」「なぜ、その腕時計なのか?」「なぜ、その言葉を使っているのか?」「なぜ、そんな表情で働くのか?」「なぜ、その場所に住んでいるのか?」など、何の意図やストーリーもなく日々を過ごしています。また、**問題なのは自分達が意図しない印象を他者に与えてしまっている**ことに気づいていないことです。

おそらく残念ではありますが、今までの人生であなたと関わってきた人の大半は、あなたを『ドラゴンクエスト』の村人Aとしてしか認識していないと思います。

それほど、人に自分の印象を残すということはハードルが高いということです。

ぜひ、自分の目的に合わせて自分のキャラクターを作成してみてください。今の時代、SNSを活用した個人のブランディングが盛んに行われています。あなたが何かを発信していきたいのであれば必ず作成していただくことをお勧めします。

このようにメラビアンの法則の要素を全て埋めると、軸が一本通り視覚情報にも奥行きと厚みが増します。村人Aというプログラミングされた**同じことを繰り返し伝えるキャラクターから、やっと「あなた」として周囲が認知してくれる**でしょう。

やり方のイメージが湧かないという方は、お笑い芸人や職場で「この人、キャラクターが濃い」という人がいれば、3つの情報で分解してみると何が要因でキャラクターが濃いのかが見えてくると思います。

ここまで読まれた方は、一つの疑問が湧くと思います。

それは、自己プロデュースをすることは理解できたが、人と接しているときに「どれくらいの期間やり続ける必要があるの？」という疑問です。もちろん、完全に自己プロデュースし続けたいのであれば、一生やり続けた方が良いと思います。ただ、正直なところ最初は、慣れていないこともあり非常に大変です。第3章では、具体的な行動まで設計できるように紹介します。

ポイント **キャラを作るだけで、頭ひとつ抜けることができる**

◇

【絶対に押さえておきたい】
初頭効果：人に6〜7秒で判断されてしまう

2つ目の理論は、初頭効果です。この理論では、人は**人の印象を判断する際に6〜7秒で判断をしている**という効果のことを言います。

加えて、その判断は半年間持続します。

これを聞くとゾッとする方も多いのではないでしょうか？

「6秒で半年って割に合わないよ……」と感じたと思います。

実は私はこの理論が大好きです。理由は簡単です。実践しやすいにもかかわらずコスパが異常なほど良いからです。なぜなら、**6〜7秒だけ印象が良ければ半年間、信じ込んでくれる**ということです。つまり、人に会った瞬間の6〜7秒だけ演じて「この人、いい印象だな」と相手に思い込ませれば良いだけなんです。どれだけコミュニケーションが苦手な人でも、さすがに6〜7秒であれば我慢できるのではないでしょうか。

ただ、この理論を実践していただくために一つ押さえないといけないことがあります。

それは、「初対面」というものは何度も存在しているということです。

本当に、6〜7秒だけ会い、それから半年会わない人には、それは効果的です。しかし、会社で働いている以上、6〜7秒後にも打ち合わせで顔を合わせ、次の日も出社をするわけです。

ある会社の新入社員の方は、職場に配属され初日に笑顔で挨拶を非常に元気良くしたそうです。その次の日からは、初頭効果が半年継続するものであると勘違いして捉えており、挨拶をしなくなったそうです。当然ですが、印象はガタ落ち。

本来この効果を使うのであれば、「出社直後の6〜7秒」「打ち合わせ開始の6〜7秒」「帰社前の6〜7秒」など、**事柄ごとの最初の6〜7秒だけ頑張る**必要があるということです。

ポイント　6〜7秒の印象が6ヶ月も持続する

◇考えるな、感じる前に笑おう

では「①関係開始：この人は良い印象だ」を実現するためには、相手と6〜7秒でどのように接すれば良いのでしょうか？
それは、シンプルです。

「笑顔」これにつきます。

なぜ、こんな当たり前のことをわざわざ伝える必要があるのかというと、**やはり笑顔の効果は絶大**だからです。

『ハーバード・ビジネス・レビュー』では、笑うことは、創造性を高め、協力を促す上、分析の精密さや生産性の向上をもたらすとされています。

山形大学の研究調査では、**「よく笑う人」と「あまり笑わない人」では死亡率に2倍の違いがある**とされています。すごく簡単にいうと「あまり笑わない人は死にやすい」ということです。衝撃ですね……。

このように数多くの研究結果が発表されています。

「笑顔」は、自分自身の印象を良くするだけでなく、周囲のパフォーマンスにも影響を及ぼします。

自分が笑顔であることもさることながら、笑顔でいる人を見つけたら全力で駆け寄って近くにいるように心がけましょう。その人は、あなたにとってパワースポットです。

さて、あまり語られない部分に触れていきたいと思います。逆に笑顔ではなく、「無愛想」「無礼」だった場合、職場や相手に対してどのような影響を及ぼすのでしょうか。ある研究調査で**「無礼な態度はコストがかかる」**と言われています。

無礼な人は、人の健康に影響を及ぼすことが近年の研究で明らかになり、具体的には、免疫システムを害し、循環器系の病気やガンなどにつながる恐れがあると言われています。また、理不尽な扱いを受けた相手は集中力や注意力、思考力が著しく低下するためミスを起こす原因になります。加えて、アメリカの心理学会の試算によると、**職場のストレスによってアメリカ経済にかかるコストが、１年に５０００億ドルにも上る**と言われています。

私が今まで支援してきた会社で、若手社員の主体性が低く離職率の高い会社の管理職の特徴は、「腕を組み」「意味もなく不機嫌そうな顔で」「否定的な言葉を使う」、そんな人が多い会社でした。つまり若手は、走って逃げたわけですね。賢明な判断です。

恐るべし、そして侮るなかれ、笑顔です。ただ、重要性を伝えても「笑顔が重要なことぐらい知っている」と思われている方も多いのではないでしょうか。

まさに、そんなあなたにこそ実践してほしいと思っています。

実は、**笑顔を作ることを意図的に実施している方は、意外なほどいません。**この文章を読んでいるあなた。今すぐ顔をスマホのカメラで撮影してください。あなた自身が、走って逃げ出したくなるほど怖い顔をしていると思います。

あなたを含め職場で笑顔を振りまいて仕事をしている人がどれほどいるでしょうか？想像以上にいないと思います。それほど、自分の表情というのは強烈に意識しなければ変えられないということです。

ポイント　無愛想・無礼は最悪のコスト

◇挨拶しない奴には絶対に関わらない方がよい

ここまで6～7秒を「笑顔」でいることが重要だと伝えてきました。ただ笑顔で、6～7秒を無言のまま立ち尽くしていても、「不気味な奴だな……」と逆効果になってしまいます。そこで取るべきアクションは、もちろん挨拶です。

お笑い芸人の世界は、「挨拶」に対する意識が非常に高いです。

出番前には先輩の楽屋へ行き「挨拶」を行うなど、意識高く行われています。**挨拶しない若手芸人がいた場合、恐ろしいほど怒られ、場合によっては干されます。**

当然、社会人でも挨拶をしないとリスクがあります。相手に与える印象を損ねたり、シンプルに嫌われたりと非常に多くのリスクはあっても得することはないと言えます。強いて得を考えるなら「声を出すカロリーを節約できた」くらいのものでしょうか。そんなリスクがある中で、「挨拶をしない」を選択する人間は、本当にバカか無知だと思っています。

私が、この挨拶の重要性に気づいたのは理論や効果に触れたからではなく、ナインティナインの矢部浩之さんと飲みの席をご一緒したことがきっかけでした。当時25歳の売れてもいない私が、先輩のお誘いで矢部さんの席に呼んでいただきました。もちろん、私からすると矢部さんは空想の生き物のようなテレビだけに存在しているようなイメージでした。

呼んでいただいたお店で先輩たちと待っていると、矢部さんが到着されサングラス姿で部屋に入ってきました。先輩に急かされるように矢部さんの前に立ち、私が挨拶しました。「中北と言います。よろしくお願いします」と頭を下げると、矢部さんがサングラスを外し「ナインティナインの矢部浩之と申します」と私より深々と頭を下げました。何が起こったのか分からず緊張のあまり、私は「はい、知ってます」と答えてしまいました。

あんな誰もが知っている方が、私のような無名の芸人にまで深々と頭を下げ挨拶をしている事実を目の当たりにし、「自分も誰であっても、一生、挨拶は大切にしよう」と心に決めたのを今でも実践しています。

株式会社俺では朝の挨拶を大切にしています。

リモートワークで社員が別々に働いており、**チャットで朝の挨拶をなんとなく……ではなく、相手をモチベートするために必ず行う**ようにしています。

例えば、「おはよう。今日も楽しんでいこう！」などの挨拶と一声だけでなく、社員同士スケジュールを確認し、私から社員に対して「○○の案件、杉山くんなら必ずできる。今までの○○や○○の積み重ねを信じて！」や、社員から私に「中北さん、深夜までお疲れ様です。今日が勝負と言っていましたね。僕もやり切るので、一緒にやり切りましょう」など、具体例を出しながら声を掛け合いモチベートし合っています。

さて、ここまで挨拶の重要性を書いてきましたが「挨拶するのが恥ずかしくて……」「タイミングが毎回難しく……」など、挨拶したいのは山々だが精神的ブレーキがどうしてもあり、できない方もいらっしゃると思います。

そんな繊細なあなたは、無礼な人のカテゴリーに入れられてしまい、誤解を受けることがあります。そうした無駄な誤解を避けるために、お勧めの方法があります。

それは**「会釈」**です。

知ってます。繊細なあなたは、笑顔も苦手だと思います。**笑わなくても大丈夫**です。知ってます。繊細なあなたは、相手の目を見るのが苦手だと思います。**相手の目も見なくても大丈夫**です。

相手の視界に入った瞬間に、**ペコッと会釈だけして**ください。「太鼓の達人」と同じ要領で結構です。タイミングよく視界に入ったらペコッと会釈するだけです。タイミングを図ることが難しければ小さい声で「ペコッ」と言ってもらってかまいません。

これだけで6〜7秒の印象が劇的に変化するだけでなく、無駄な誤解を避けることができます。

ポイント　挨拶が苦手なら、会釈。それだけでも、印象はだいぶ変わる

◇成功者の本に書いてあることは効果なんてない

ここまで、すぐに実践できるスキルについて話してきましたが、残念なお話があります。このままでは、あなたがコミュニケーション上手へと変化を遂げ、人生を変えることはできません。今まで通り、あなたが読んできた成功者が書いたコミュニケーションに関する書籍やスキルと同様に、跡形もなく忘れ去られること間違いなしです。

なぜなら、成功者の書籍に書いてあることを、あなたがそのまま実行したとしても効果が出ることはないからです。その理由は、あなたと成功者には大きく2つの違いがあるからです。

1つ目は、あなたの「現状」と成功者の「現状」が違うからです。

2つ目は、あなたの「目的」と成功者の「目的」が違うからです。

それでは、1つ目の違いである「現状」について深掘りしていきましょう。

私も、腐るほどコミュニケーションに関する書籍を読んできました。

何冊か、本棚で腐っている書籍もあるかと思います。

そのような書籍を読み進めていると、

・**「自分はダメな人間で……」**と書いてあるかと思えば、経歴を見れば一流大学卒業、一流企業を経て〜と書いてあるわけです。正直、どこがダメ人間なんですか……。

・**「自分は、何もないけど……」**と書いてあるかと思えば、顔写真がえげつないほどカッコイイわけです。正直、笑顔作らなくても印象いいじゃないですか……。

・**「コミュニケーションが苦手で……」**と書いてあるかと思えば、根明なエピソードがパンパンに掲載されていたりします。正直、ビジネス根暗じゃないですか……。

いやいや、平凡な才能しかない私からすると、現状の持っているものが違いすぎる……と何度も打ちひしがれてきました。

当然ですが、このように現状が大幅に違う時点で、あなたが書籍に書いてある行動を著者と同じように取っても、効果は生まれにくいのは分かりきっていることです。

自分の現状を理解しないまま、コミュニケーションに関するノウハウを実践すると、相手からどう思われてしまう結果となるのか。

起こる問題の例をいくつかご紹介します。

・現状：**「真面目で堅そう」**なあなたが「相手を笑わせようとする」
結果：相手から「いきなりどうしたのか」と不信に思われる

・現状：**「冷静で物静かそう」**なあなたが「大勢の場で一番騒ぐ」
結果：相手から「普段とても我慢しているのではないか」と怖がられる

・現状：**「緻密で丁寧そう」**なあなたが「ガサツな対応をする」
結果：相手から「裏表がありそうで信頼できない」と思われる

このようなズレから発生する問題の**一番の要因は、自己認知が低いから**です。つまり、他者からどのように認識されているのかを「知らない」「意識もしていない」ということです。

ポイント　本を読んでも効果がないのは、あなたの自己認知がズレているから

◇あなたは自分のことを全く分かっていない

では、どのように自分で自分を認識すればよいのでしょうか。分かりやすく図４で解説していきます。

図4◆ジョハリの窓

	自分は知っている	自分は気付いていない
他人は知っている	**開放の窓** 自分も他人も知っている自己	**盲点の窓** 自分は気が付いていないが、他人は知っている自己
他人は気付いていない	**秘密の窓** 自分は知っているが、他人は気付いていない自己	**未知の窓** 誰からも知られていない自己

「ジョハリの窓」という言葉を聞いたことがあるでしょうか。自己認知において最も重要なのは、「自分は気付いていない」けれど、「他人は知っている」、つまり図の右上にあたる「盲点の窓」が重要となります。これを分かりやすく伝えるのであれば、周囲は知っているけれど、自分は特に指摘をされることがなく「裸の王様」状態になっているということです。この「盲点の窓」を開け「開放の窓」へ移行するためには、方法は一つしかありません。それは、**他者からのフィードバッ**

クです。

ここであなたの現状をさらに深く知るために質問をします。

「あなたに対して本音で意見を伝えてくれる人が、周囲に何名くらい居ますか？」

さて、回答で分かる傾向を3パターン解説します。

- **3～5名と答えた方**：職場だけでなく家族を含め、3～5名と答えた方は周囲と信頼関係が適切に築けています。おそらくですが、**「盲点の窓」**とされる部分が少なく自己客観視ができている傾向があります。
- **10名以上と答えた方**：周囲が言いやすい空気を出している以前に、**自分が想定しているよりも、仕事ができない可能性があります**。そのため、シンプルに舐められています。自己認知を正すことも重要ですが、目の前の仕事をがむしゃらに頑張りましょう。そして、舐めてきている友人とされる赤の他人をすぐさま断捨離しましょう。

・**0名と答えた方**：周囲から指摘をもらいにくい雰囲気を発している可能性があります。または、周囲との信頼関係を築く可能性を自ら遮断している傾向があります。そのため、周囲と自己認知がズレてしまっている可能性が高いです。まずは、周囲からフィードバックをもらうよりも、「ジョハリの窓」にある**「秘密の窓」**を開け自己開示するところから始めてください。

もちろん、役職や年齢が上がるごとにフィードバックをしてくれる人数が少なくなっていく傾向があります。そうすると、気を抜くと自己認知は必ずズレてしまいます。その都度、**車検のようにフィードバックをもらう機会を作る**ことをお勧めします。

株式会社俺でも、私が会議でアイディアを出した際に反対意見がないとメンバーに「社長を裸の王様にして野放しにしていいのか？」「このままだと天狗になりますよ？」と伝えるようにしています。

ちなみに、このような自己認知と相手に与える印象の話をしていると、印象のギャップが効果的だと言う方もいます。結論から言うと、何の意味もありません。

具体的に、印象のギャップがどのようなものかというと……、

- **チャラチャラしているように見える**：時間を必ず守る→真面目な人と認識される
- **仕事ができなそうに見える**：メールなどのレスが早い→仕事ができそうだと認識される
- **不潔に見える**：シャツのアイロンがけやアルコール除菌を欠かさない→意外と綺麗好きなんだと認識される

などが挙げられると思いますが、このギャップには何の意味もありません。なぜかというと、**わざわざ自分の印象を1回ネガティブに認識させる意味がない**からです。そこからギャップで回復するとしても、マイナスから少しプラスに上がるだけの話です。正直、全くの無駄です。

可愛がられる人の特徴を題材にした論文では、可愛がられる人の共通点として**「一貫性がある」「素を隠さない」「分かりやすい人」**と記してあります。つまり、ギャップがある時点で、一貫性がなく、分かりにくいので、イマイチということです。

ポイント　ギャップをつくるのは無意味

◇あなたが「変われない」根本的な理由

さて、2つ目の、あなたの「目的」と成功者の「目的」が違うことについて詳しく解説していきます。

このようなコミュニケーションに関する書籍を出版する成功者たちは、99％以上が経営者でありコミュニケーション強者であることは揺るぎない事実です。

そんな成功者たちは、コミュニケーションを何の目的で実践しているかというと「会社の売上アップ」が最も多い理由になります。つまり、**日常的な会話や見た目、使う言葉にしても全て「会社の売上アップ」という目的につなげる**ために構成しています。

このような目的を見据えたテクニックが伝えられているため、コミュニケーションが苦手な方が読んでも、「そもそも人との接し方に悩んでいたんだけどな」や「日常的な普通の会話はどうやってやれば良いの？」と頭を抱えてしまうわけです。

無理をして実践をしていても、最悪の場合には、**自分のキャラクターや人間性に合っていなさすぎて会社のトイレで嗚咽する**ことになります。

ここまでお話ししたように、「自分の目的とは異なるもの」「本当は自分にとって意味のないもの」を、なぜありがたく読み進めてしまうのかというと、人は成功している人の言動に意味を求めようとするからです。

例えば、スティーブ・ジョブズは同じ服しか着なかったと言われています。その理由は、1日で意思決定できる回数は決まっているため、「意思決定の回数」を洋服で使わないためだったと言われています。ただスティーブ・ジョブズの本音は、面倒なだけだったからかも知れません。たまたまインタビューでカッコつけて言ったことが、過大に解釈され世の中に広がった可能性だってあります。本人が一番驚いており、実はいろんな種類の洋服を持っていたにもかかわらず、噂が想像以上に広まり、事実に近づけるために捨てた可能性もあります。

このように人は、**成功には必ずカラクリがあると勘繰ってしまい、納得する理由を自ら探し回る癖がある**ということです。

さて、なぜ今私が「建前」ではなく「本音」でコミュニケーションについて伝えしているかというと、元々私が、コミュニケーションが非常に下手な人間だからです。

「おいおい。お前、元お笑い芸人がコミュニケーション下手って、何を言っているんだ？」とお叱りを受けそうですが、具体的にどれくらい下手だったかというエピソードをお話しします。

①小学生の頃：人の秘密は「笑いが取れるエピソードだ」と思っておりベラベラと話してしまい親友を失う
②中学生の頃：人前に立ち話すのが苦手で、人前で話すと顔が真っ赤になり、頭が真っ白になってしまっていた
③高校生の頃：人の悪口ばかり言って笑いを取っており、友人と遊んでいると自分が帰った後に悪口を言われるのではないかと思い怖くて帰れなかった
④経営者の現在：新幹線の3列シートの窓際に座っていて通路側の席に人がいると、声を掛けるのが億劫でトイレに行けない

客観的に読んでいても「大丈夫か、この人……」と思うようなエピソードばかりで、心配になろうかと思います……。

余談ですが、最近のエピソードでいうと、株式会社俺の行動指針を作り「関わる人、全てをファンにする」としたことがありました。大切な行動指針のため、書道家の先生にお願いして書いてもらい、金色の額縁に入れて会社に飾っていました。

ところが、私がこの行動指針を社員と2週間実践した結果、あまりにも私には向いていなかったようで、ストレスが溜まり、咳が止まらなくなり、体調を崩してしまいました。

もちろん、その行動指針は、額縁ごと捨てました。

ポイント　成功者の目的と自分の目的は違うことに気づく

◇ 無理しない。ほとんどの人が、あなたにとって必要のない人

そんなコミュニケーション下手で、悩み続けた私が行き着いたコミュニケーションに対する根本的な考え方が一つあります。あなたも、どこか気づいている考え方だと思いますが、この考え方を持つこと自体が悪のように感じてしまう人も多いかと思います。

それは何かというと、**「人生で出会う大半の人が、自分にとって必要のない人である」**という考え方であり、この事実を理解することが重要です。これを理解し、非常に心が強くなりました。

この事実を理解するためには、改めて自分の人生を振り返る必要があります。

学生時代、あんなにも「クラスの中心にいた人」や「取り繕ってコミュニケーションをとっていた相手」「嫌われたらまずいと思っていた相手」は、今のあなたの人生において何か重要な人物でしょうか？　おそらく顔も名前も思い出せないのではないでしょうか？

職場で、「顔色を窺っているややこしい上司」や「細かいことで怒る先輩」は、今の現状では重要かもしれません。ただ、部署異動や、ましてや転職すれば記憶として残しておく必要もない人になります。

私でいえば創業当時、交流会などに参加し、少しでも売上に繋がればと思い多くの方にお会いしてきました。参加して得たものは、売上や、そのための人脈ではなく、名刺という「ただの紙切れ」のみです。

さて、本章を読みながら少し人生を振り返っていただくと、あなたも頭に「モヤモヤと引っ掛かり」がある数名の名前と顔が浮かんだと思います。そして、同時に相手に対する負の感情も沸々と湧き出ている方もいらっしゃるのではないでしょうか？　はっきりと口にします。**その人は、あなたの人生にとって、どうでもいい人**です。

このように振り返ると「あなたにとって必要のない人であること」が、明確に理解できると思います。

さて重要なのはここからです。

そもそも、なぜ顔色を窺ったり取り繕ったコミュニケーションをしてしまうかというと、誰しもが**「嫌われたらどうしよう……」「面白くないと思われたらどうしよう……」「迷惑だと思われたらどうしよう……」**など、自分にデメリットが及ぶことを心配したり、周囲の目が気になる、集団の空気を壊してはいけないなどの同調圧力が働き、極端な恐れを生むからです。

この恐れが生み出す行動が、最も厄介で自分の人生を不幸に誘っていきます。

具体的にお伝えすると、大抵の人が「あなたのことを好きな人」「あなたが大切だと思う人」よりも、**「あなたのことが嫌いな人」**や**「あなたが苦手な人」に意識を奪われ、関係性を改善しようと時間を費やしてしまいます**。このような思考のことを私は、**「破滅思考」**と呼んでいます。自分から不幸せな人生を選択し、破滅へと自らを突き動かしてしまいます。

本来であれば、「あなたのことを好きな人」や「応援してくれる人」に時間をかけることで、心も豊かになりますし、職場でいえば働きやすさ、場合によっては出世へとつながる可能性が高くなります。

しかし、「あなたのことが嫌いな人」や「あなたが苦手な人」の発言や態度の方が、記憶と心に深く刻まれてしまうため、「苦手だけど、仲良くなれないかな……」や「どうやって上手くやっていけばいいんだろう……」というような不毛なことに意識と行動や時間を奪われ心が疲弊し、**最悪の場合はメンタルダウンなどを引き起こします**。

このように、いつの間にか「破滅思考」に陥ってしまうわけです。本当に、馬鹿馬鹿しいので直ちにやめましょう。

とはいえ、「直ちにやめた方が良いのは分かるが、職場でどうしても関わらないといけない……」ということもあります。それであれば、雑談などの業務に必要ではないコミュニケーションを全てカットし、必要なことだけを話してください。あなたが、人生に必要ない相手に時間を割き、心を痛める必要はありません。

ポイント **不毛なことに時間や意識をかける「破滅思考」に陥ってはいけない**

◇あなたのことが嫌いな人を雑に扱ってもかまわない

せっかくなので、少し私の話をさせてください。

私も同じように私のことを雑に扱う、いわゆる「苦手な人」に時間を使ってしまう自分に悩んでいました。ただあることに気づきました。私は、「相手に嫌われることを恐れていました」が、私にも「相手を嫌う権利がある」ということです。

そこに気づいた日から私は、苦手なAさんに対して3つのことをやめることにしました。

①愛想笑いをすること：場を和ますためにヘラヘラとすることを一切やめました。むしろ、Aさんがこちらに向けているのと同等の表情をすることにしました。

②業務以外の雑談をすること：業務に必要ではないことは一切話すのをやめました。端的に要点だけを話し結論が出たらすぐにその場を去るようにしました。

③フィードバックを受け流すこと：今まではフィードバックに対してメモなどをしていましたが、一切やめて「ありがとうございます」という言葉だけとし、何を言われても「ありがとうございます」の一点張りで右から左へと受け流しました。

この3つを実施し続けたことで、苦手なAさんに2段階の変化が現れました。

まず1段階目の変化は、フィードバックへの「ありがとうございます」の言葉に対して、Aさんから「話聞いてる?」という追及するようなフィードバックがあるようになりました。そのフィードバックに対しても「ありがとうございます」と返し続けました。Aさんはイライラしている様子でしたが、完全に無視し続けてみました。なぜならば、**私にも「Aさんを嫌う権利がある」**からです。

すると、2段階目の変化が訪れました。今までこちらの様子を窺うことは一度もなかったのですが、Aさんから「機嫌が悪いのか?」「何かした?」というような私への気遣いの言葉が増えるようになりました。

その後、月日が経ち……、実はAさんとは今でも非常に仲の良いビジネスパートナーとなっています。という嘘臭い話にはならず、雑談をする程度には回復しましたが、今では完全に疎遠です。

人間関係なんてそんなものです。

そんな人にあなたの重要な人生を使う意味も必要もありません。**自分が大切だと思う人、つまり大切な人を大切にしてください**。そうすれば、職場での人間関係の憂鬱が軽減され、圧倒的に心が軽くなることは間違いありません。もちろん、自分から相手を雑に扱う必要はありません。相手からされた場合とご認識ください。

特に、相手からの悪意は、思考を非常に鈍らせ「破滅思考」をより深みへと加速させます。

もし今あなたが、悪意を感じ「あの人と関わるのが辛い……」と思われているのであれば、まずは休息をとりリラックスしてください。

その上で、振り返りを行い、考えを整理し、「自分にとってこの人は必要がない人である」と、相手の印象を書き換えてみてください。

きっと楽になるはずです。

ポイント **全ての人と仲良くする必要はない**

第1章のまとめ

1 仕事の人間関係には【関係開始】【関係継続】【関係深耕】の3段階しかない

2 見た目、声、話す言葉の3つさえ演出すれば、いい印象を与えることができる

3 人は6～7秒の印象を半年も持続させる

4 笑顔は、ビジネスに絶大な効果がある。
逆に、無礼・無愛想はコストである

5 地味に挨拶は重要。苦手な人は会釈を徹底する

6 自己認知がズレていると、コミュニケーション能力は向上しづらくなる

7 周囲から自分の印象を聞いてみる。聞ける人がいない人は、自己開示から始める

8 全ての人と仲良くなる必要はない。あなたのことが嫌いな人は雑に扱ってかまわない

第2章

笑いは最強の武器である

第1章でも伝えた通り、人との関係構築のためには、最初に**「関係開始：この人は良い印象だ」**を獲得する必要があります。

そのために、まずは初頭効果を駆使して7秒間を制する必要があります。ただ、7秒を制したとしても、**7秒後に何も話さなければ、「何この人……」と魔法はすぐ解けてしまう**わけです。こんなにも魔法が早く解けてしまっては、シンデレラがガラスの靴を履く暇もありません。関係開始の会話術が必要です。

ちなみに、あえて書き記しますが、私はお笑い芸人を経てコンサルの業界で営業ナンバーワンを獲得し、社会人経験6年で起業、数々のメディア取材を受け、出版した書籍はベストセラーを記録し、さらに社員を雇いながら会社経営を6年間できているのは、この「神雑談力」のおかげだと確信しています。自分で、上げ過ぎたハードルに怯えて手が震えてきてはおりますが……。内容の方へ入っていきましょう。

さて、関係開始の会話術をお伝えする前に、今すぐやめてもらいたいことがあります。

それは「普通の雑談」です。

信頼獲得にはいわゆる天気の話や、ニュースの話などの「雑談」をした方が良いとされていますが、無駄なので**今すぐやめましょう。**

ポイント **天気やニュースなどの、いわゆる雑談は金輪際やめる**

◇人を好きになる要因は4つある

やみくもに**雑談を重ねたとしても信頼獲得において意味はありません。**実は、獲得するべき4つの要因が存在していることを理解する必要があります。その要因を知らずに目的もなく時間を潰すだけ、気まずい空気を埋めるだけの会話に、必要性は全くありません。

実は、私は雑談を「する」のも「される」のも大の苦手です。「目的」がない会話には、時間だけを奪われている感覚があるからです。もはや、**目的のない雑談を仕掛けてくる人のことを時間泥棒だと思っています。**

誤解がないようにお伝えすると、雑談に目的が存在している場合は、必要だと思っています。例えば、**「場を和ませる」**など、アイスブレイク（※）のような目的が存在している

図5◆人間関係で人はどのような他者を好きになるのか

	対人魅力の要因	対人魅力の詳細	株式会社俺　好かれる行動例
①	顔馴染み感	その人のことをどれだけ知っているか	・自己開示して自分のことを知ってもらう ・主体的に相手のことを知る
②	同類感	価値観や経験が似ているか	・似ているところがないか自ら探す ・多くの経験／機会を共にする
③	前のめり感	好意を持たれるとその人に好意を持つ	・相手に好意を示し関係構築する
④	主人公感	外見が整っているか	・魅力的に見せるために自己プロデュースをする

潮村公弘・福島治編著『社会心理学概説』（北大路書房、2007年2月）を参考に著者作成

のであれば、する意味はあると思います。効果的なアイスブレイク術も後ほど紹介します。

※アイスブレイクとは……初対面の人同士の緊張をほぐし、場を和ませることを目的とした会話など。

では、具体的にどのような4つの要因があるのかを図5を使いながら紹介していきます。

図5は、**「人間関係で人はどのような他者を好きになるのか」**を4つの要因にまとめたものです。加えて、私が4つの要因を獲得するために「相手から好かれるための行動」をまとめた資料になります。

さて、この章では、**「関係開始：この人は良い印象だ」**を獲得するための会話術について、①〜④まで、具体的にお伝えしていきま

す。

「①顔馴染み感」から順に即効性が高い技術を紹介しつつ、笑いが取りたい人向けの技術も紹介していきます。そして、最後の**「④主人公感」**では、第1章で紹介した自己プロデュースの完結編として、自己プロデュースした像に対して具体的にどのような「行動や言動を取るべきなのか」まで、分かりやすくまとめた表をもとにお伝えします。お楽しみに。

では早速、**「①顔馴染み感」**について深掘りしていきましょう。

「顔馴染み感」では**「その人のことをどれだけ知っているか」**ということが重要になります。つまり、人間関係は、相互関係で成り立っているため、2つに分解して考える必要があります。それは、1つ目は、「自分自身のことを相手に知ってもらう」必要があるということと、それと同時に2つ目の「相手のことを知る」必要があるということになります。

では、この2つに必要な即効性の高い技術を紹介していきます。

ポイント **結局、人が人を好きになる要因は多くない。というか、4つしかない**

◇あなたの自己開示は、ちょっと気持ち悪いかもしれない

1つ目の「自分自身のことを相手に知ってもらう」ためには、方法は一つしかありません。それは、自己開示です。自分のことを相手に話す必要があるということです。

ただ、自己開示で気をつけないといけないポイントがあります。それは、**自己開示レベルを合わせる**ということです。実は、自己開示にはレベルが存在しており、互いの自己開示レベルを合わせなければ相手から「え……？　何この人……」となってしまうことがしばしばあるわけです。

具体的に自己開示レベルが合っていない会話を紹介します。イメージが湧きやすいように職場での自己紹介を例として紹介していきます。

図6では、田中さんと鈴木さんが関係開始をするために会話を始めたところです。田中さんは、自己紹介として**「初めまして、田中といいます。趣味は映画です」**と自分の趣味を自己開示して伝えました。その自己紹介に対して鈴木さんは**「初めまして、鈴木といいます。僕の浮気で昨日離婚したんですよ」**とおおよそ一言目では口にしないであろう事柄を自己開示しました。

図6◆自己開示レベルを合わせる

初めて会った方との会話を想像してください

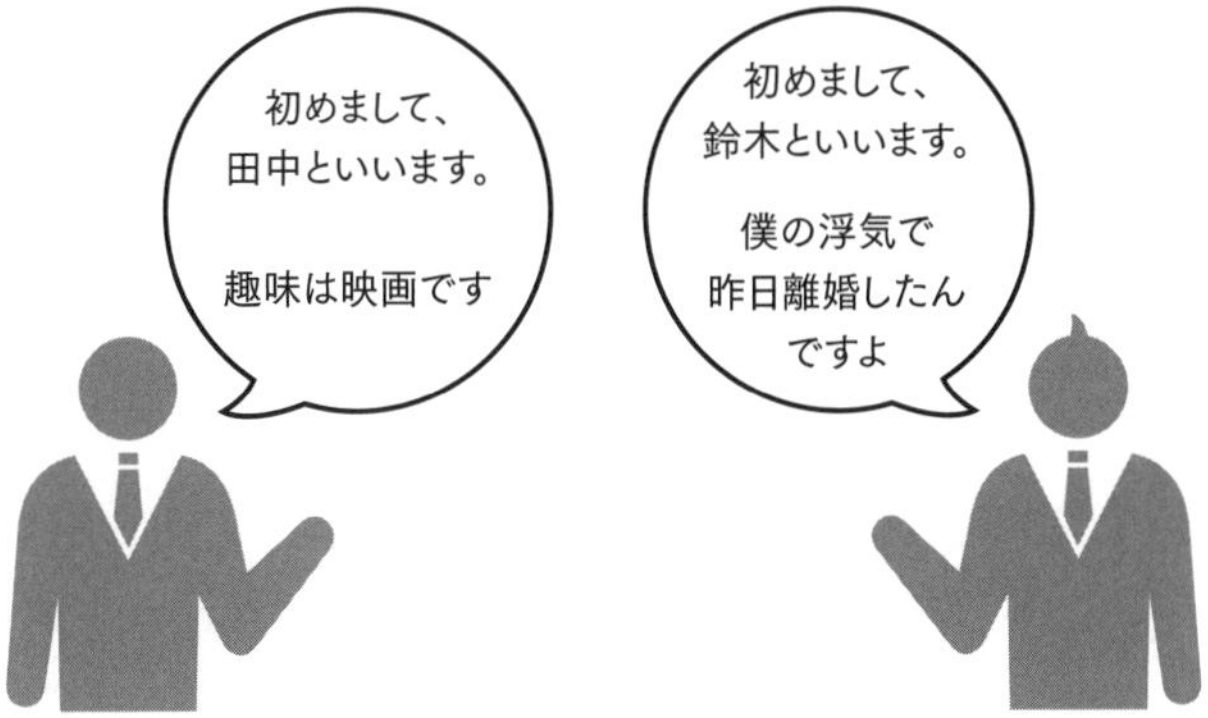

さて、ここで問題です。

田中さんは、鈴木さんに対してどう感じたでしょうか？

私が、田中さんの立場であれば**「この人、少し気持ち悪いかもな……」**と感じると思います。つまり、自己開示が重要だとしても相手の自己開示しているレベルに合わせる必要があるということです。

ポイント

自己開示は、
相手とレベルを合わせないと
ただの気持ち悪い人になる

◇話が苦手な人は、誰かが話しかけてくれる自己紹介をする

ちなみに、人見知りで話しかけるのが苦手な方向けにも自己紹介を一つご紹介しておきます。実は私も、完全な人見知りですのでお気持ち非常に分かります。

余談ではありますが、「笑い」や「コミュニケーション」についての書籍を2冊ほど書いていることもあり、初めてお会いした方から**「もっと笑顔が多く、気さくな方と思っていました」**と余計なことを言われることもしばしばあります。やかましいわ！

そんな気さくではない私が自分でもかなり活用している実践的な事例になるので、安心してお使いください。

あなたは、今まで数多《あまた》の自己紹介を学校や職場で聞いてきたと思います。しかし、記憶に残っている自己紹介はあるでしょうか……。おそらくうっすら覚えているものはあったとしても、完全に記憶しているものはないはずです。

自己紹介の本来の目的は、自己を覚えてもらうことにあるにもかかわらず、**大半の自己紹介に意図がなく、もはや「ただの声が出ているだけの状態」**になっているということです。

それであれば本当に「あ――」と声を出しただけの方が印象にだけなら残ります。そんな印象に残らない自己紹介が量産されている、競合他者がいない状況だからこそ、抜きん出るなど簡単極まりないのです。

そもそも**人見知りで話しかけるのが苦手であれば、誰かが話しかけてくれるような自己紹介を作る必要があります**。そのためにはターゲットを絞った自己紹介をするように心がけてください。すぐに使えるように自己紹介のフォーマットをお渡しします。

具体的に、先ほどの田中さんの自己紹介を例にあげて解説していきます。

田中さんは自己紹介として「初めまして、田中といいます。趣味は映画です」と自分の趣味を自己開示して伝えました。

この自己紹介は、**ターゲットを絞っているとは言えません**。

映画が趣味ということを聞いても、相手は「へぇ～、そうなんだ」と聞き流してしまいます。なぜなら、「映画」を好きか嫌いかと言われれば、人口の過半数がまあ好きな方だからです。同様に、「読書」「音楽」「スポーツ」なども同じ状態になってしまいます。

相手から、あなたにわざわざ話しかけてくるためには「②同類感」を獲得していく必要があります。つまり、映画という汎用的な趣味から、さらに少し価値観を自己開示する必要があります。

図7◆ターゲットを絞った自己紹介をする

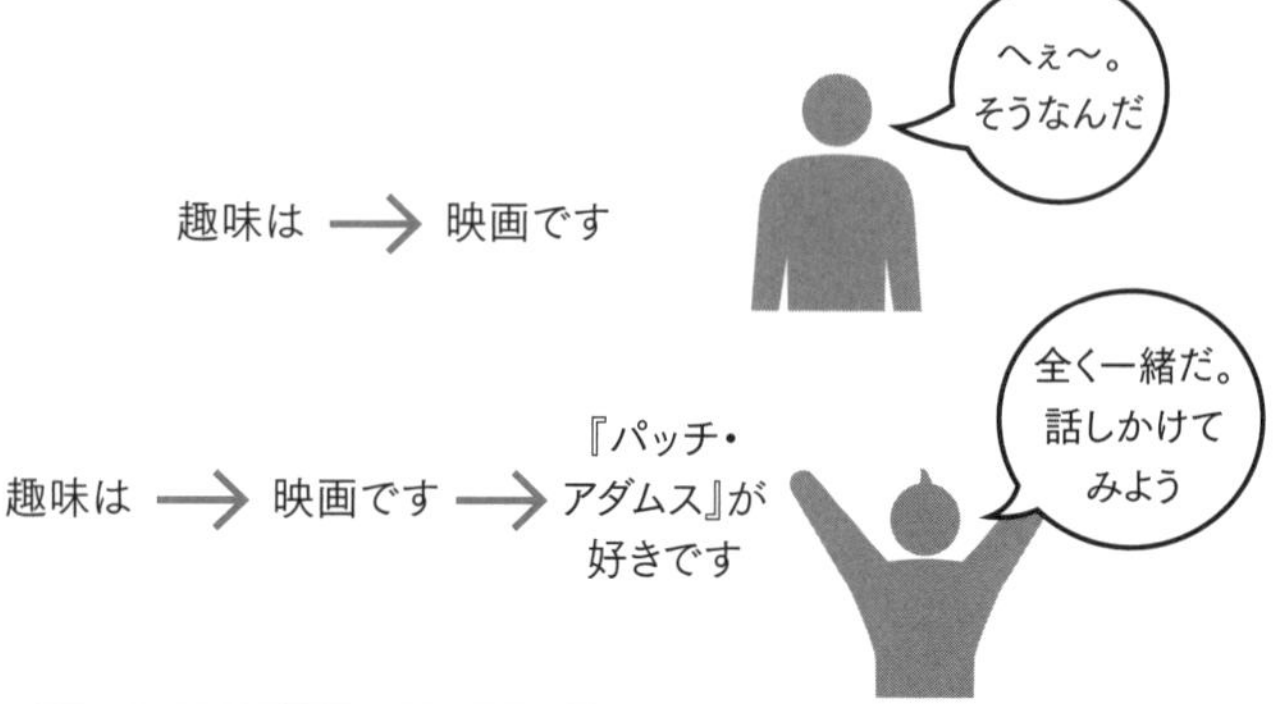

できるだけ具体的にすることにより
話しかけてもらいやすい話題を提供する

例えば、「何の映画が好きなのか」や「何の書籍・作者が好きなのか」「どのアーティストが好きなのか」「どのスポーツが好きなのか・やっていたのか」など、自分の価値観を開示することでターゲットが明らかに絞られます。

具体的には、

私は、映画が好きです。特に好きな映画は、ロビン・ウィリアムズ主演の『パッチ・アダムス』です。

私と好きな映画が完全に合致する人は、私に話しかけてくる可能性が高まります。もし、合致した人から話しかけられなかったとしても、関係開始の会話がスムーズに行えるはずです。注意点としては、好きすぎるが故に「『パッチ・アダムス』の笑いが病気に効くことを証明して○○のシーンで、○○な……」などと喋りすぎないことです。**自己開示レベルがずれて「怖い……」となってしまう恐れありです。**

　このように「自分自身のことを相手に知ってもらう」ために、汎用性が高いものではなくターゲットを絞った自己紹介を行ってみてください。今までの「ただの声が出ているだけの状態」のような自己紹介とは違い、価値観の近い気の合う仲間にブッ刺さること間違いなしです。

ポイント　自己紹介は、ターゲットを絞ると話しかけられやすくなる

◇関係開始の会話は「質問から」が定石である

　2つ目の「相手のことを知る」については、方法は2つあります。それは**「質問」と「観察」をセットで行う**ことです。どうしても、初対面の人同士が関係開始をする時に行うアイスブレイクでは、「何か話さなくてはならない」という先入観を持っている方が多いです。実は、相手のことを知るために「質問」をしながら「自己開示」する方が遥かに気持ちも楽で関係開始がしやすいです。

さて、その質問を通して**「①顔馴染み感」**を獲得するために相手のことを詳しく引き出していきます。そして、質問に対しての回答を「観察」していきます。どの質問に対して**「熱量高く回答しているか」「どんな回答が多いか」**などを観察していき、表層的な部分から**「②同類感」**でもある価値観や経験を読み取って相手の傾向を探っていきます。

まず、具体的にどのような質問をするとよいかというと、初めての人同士が関係開始をするシーンを思い浮かべてください。例えば、ビジネスシーンであれば「現場への配属」「転職した初めての職場」「商談の場」「他部署との会議」「異業種交流会」「同期同士の初めての懇親会」、プライベートであれば「お見合い」「合コン」など数多く存在しています。

ここでは具体的な例として、現場配属された新人に上司として面談するシーンで説明します。どのように関係開始していくのかを図8で3つのステップとして書いています。

まずはステップ1として、「事実情報への質問」から始まります。具体的には、「配属されてどうか」などの事実を聞き出します。次に、ステップ2として、その回答に対して**「承認」しながら「自己開示」して相手に自分のことを知ってもらいます**。そして、ステップ3で「価値観に触れる質問」をしていきます。

図8◆関係開始の3つのステップ

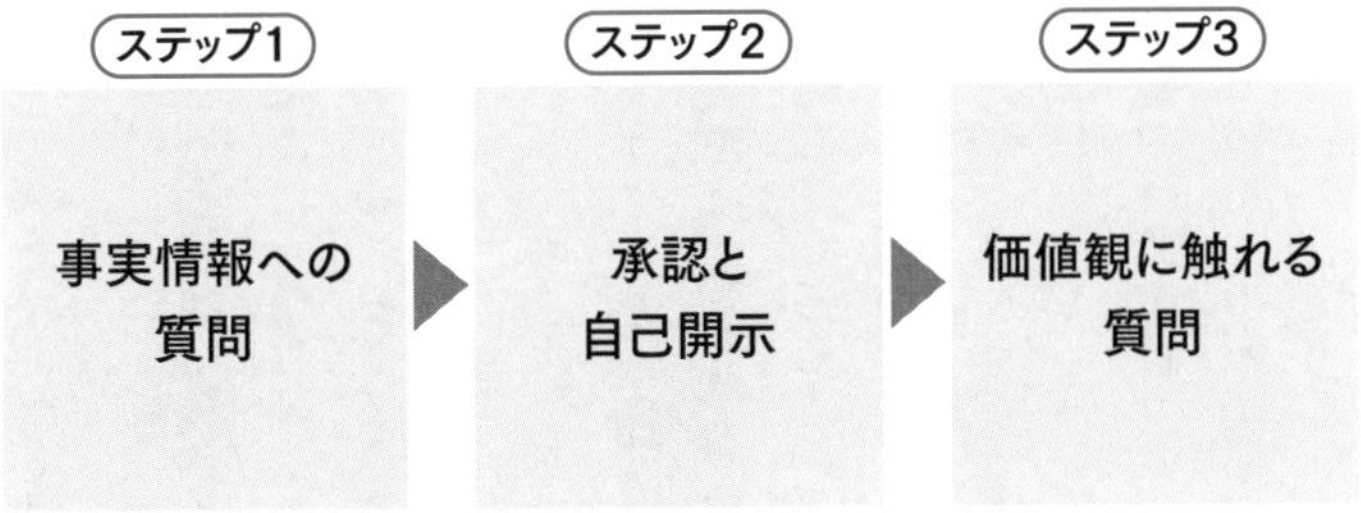

気をつけて頂きたいのは、一方的に質問し続けると面接みたいになってしまうので、自分も相手の自己開示レベルに合わせながら自己開示しつつ話を進めてください。

全体の会話の流れを分かりやすくお伝えします。

ステップ1：事実情報への質問
上司「配属されてどう？」
Aさん「まだドキドキしていますが、仕事が楽しみです」

ステップ2：承認と自己開示
上司「そうだよね。僕も配属は10年前だけど本当にガチガチだったよ。リラックスしてね」

Aさん「ありがとうございます。リラックスできるように頑張ります」

ステップ3：価値観に触れる質問

上司「ちなみに、特に楽しみだと感じることは何かな？」

Aさん「新しいことができるのが楽しみです」

このように3つのステップを行いながら、相手を「観察」しつつ関係開始をスムーズに行っていきます。また、「観察」することとしては、価値観や「本音」と「建前」です。

ほとんどの人が、「嫌われない戦略」を無意識に取っていることから相手が求めていそうなことを口にしていることがあります。

つまり、この会話でいうと「ドキドキしていますが、仕事が楽しみ」「新しいことができるのが楽しみ」という部分です。この部分が**「本音」と「建前」どちらなのか**を「相手の表情」や「目線」や「言い方」などを見ながら見極めていきます。そして、どんどんAさんの価値観や特徴を自分の中で、ストックしていってください。

具体的な「観察」の方法については、第5章の関係深耕の方法の中で紹介させて頂きます。

また、当然ですが関係開始が行われるシーンや関係性によって話される内容は変わります。

例えば、「喫煙所」「飲み会」などのシーンや、上司と部下という関係性ではなく「同僚」などであれば、もう少し砕けた「趣味」「出身地」などの話から始めたほうが適切です。

ただ、少し砕けた場で**よく使用されている、質問の中で一番無駄な「私、何歳に見える？」だけは使い道がない**ので捨てましょう。

万が一、あなたが、この地獄の質問を相手からされた場合は、「何歳かも気になるけど、お腹空かない？」と思い切ってアホのフリをして話を逸らすことをお勧めします。なぜなら、正直に答えても、ボケても、正解を出しても、変な空気になるからです……。

ポイント　さりげなく、相手の価値観に触れる質問をする

◇会話では失敗しても簡単に取り返しができる

さて、コミュニケーションの技術を身につけようとしても結局のところ「嫌われたらど

図9◆信頼関係は一度で決まらない

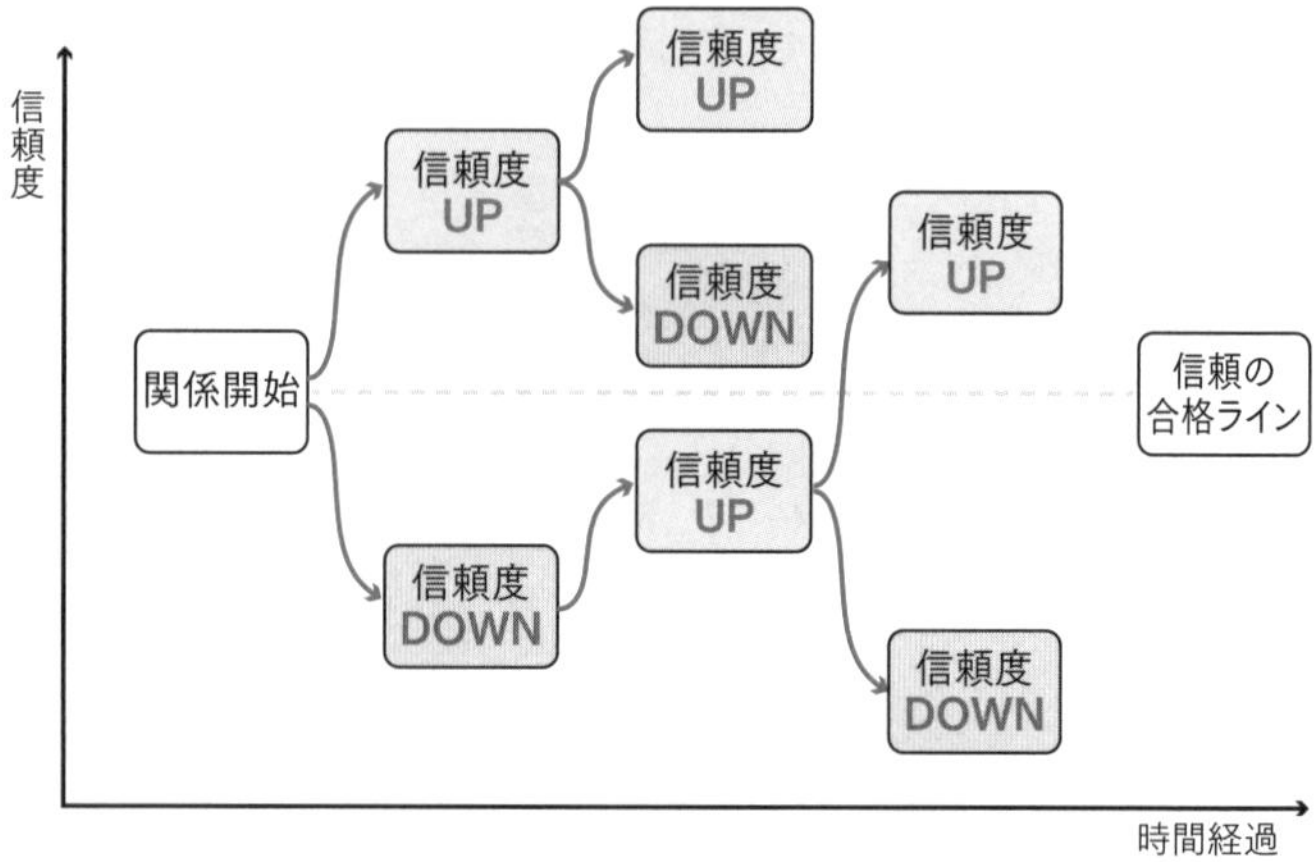

うしよう……」「面白くないと思われたらどうしよう……」などの**精神的なブレーキによって、行動ができずに立ち往生してしまう**ことがあります。

ここまで本書を読んだ方の中にも、初頭効果を聞いて「7秒失敗したら取り返しがつかなくなってしまう」「自己開示が重要なのは分かるが苦手」など苦手意識や恐怖心を感じる方もいるのではないでしょうか。

そこで、精神的なブレーキを少しでも軽減するために、関係開始における信頼獲得の構造を図解できればと思います。実は、信頼関係を築いていくときは、1回失敗して終わりとなることはなく、**何度でも会話の中で取り返しがきく構造**になっています。

図9のように関係開始では、見た目だけで

全てを判断するわけではなく会話をしながら判断を互いにしていきます。つまり、会話の中で互いの信頼度がUP・DOWNしていくということです。仮に「失敗したな……」と思っても、信頼の合格ラインを下回る壊滅的な発言をしなければ信頼度はUPする可能性が高いということです。

壊滅的な発言とは、**「宗教」「政治」「結婚観」「ジェンダー」「下ネタ」「自虐」「相手を馬鹿にする」**などで、思想に関わり意見が対立する可能性があることは触れないということです。

もし、壊滅的な話をしていないにもかかわらず、相手の信頼の合格ラインを下回った場合は、「あなたの人生にとって必要がない人」と割り切りましょう。破滅思考が働いて、「信頼獲得したい！」と思わないように要注意です。

ポイント **関係を修復できない、壊滅的な話題は避ける**

◇「笑い」のスキルを身につけると、ビジネスで頭ひとつ抜けられる

さて、ここからは関係開始の会話術の中で「笑い」が取りたい人向けに、**笑いが取れる会話術**とはどのようなものかをご紹介していきます。

ちなみに私は、この世に「ウケたくない人」はいないと思っています。あわよくば「ウケたい」という思いもあるはずですし、またできる限り「スベりたくない」とも思っているはずです。

具体的なことを伝える前に、一つあなたに質問させてください。

「笑いは、ビジネスで効果が本当にあるのでしょうか？」

当然、ビジネスへの効果はあります。『ハーバード・ビジネス・レビュー』では、**「コメディー動画を一本見たあとの従業員は、他の従業員と比較して生産性が10%高かった」**という効果が紹介されています。

もし、職場の同僚の方で生産性が低い方がいれば、あなたが笑わせてあげるか、それが難しければお笑い芸人の動画でも見せてあげてください。生産性が向上します。

このように笑いは、ビジネスで効果が明らかにあります。ただ、一つ注意点としてご理

解いただきたいのは、**ビジネスにおいて「笑い」が目的になることはない**ということです。「社内の人間」「お客様」との信頼関係を構築するための一つの要素として使ってもらえると幸いです。

この会話術は、株式会社俺の事業の一つの「笑いの力で組織を変える『コメディケーション』」にて、実際に約2万6000名の方へ提供しているものになります。また、ある会社で**受講した営業パーソン100名と受講しなかった100名を比較した場合、受注率に9・8ポイントの差が出た**ほど効果が高いものになります。

簡単にいうと、自信を持って紹介しますということです。ちなみに、受講した方の中でも、どのような方に効果が高かったか、特徴を2つ紹介します。

①**笑いが取りたいと試行錯誤している人**：試行錯誤はしているものの「笑い」が取れずに冷たい空気にしてしまう

②**笑いに目を向けたことがない人**：普段から表情が固く、笑いに苦手意識を持っている

この2つの特徴を持った方々に、効果が高かったです。なぜかというと、「笑いが取れ

ていない」や「そもそも目を向けていない」ため、いざ実践したときに同僚やお客様からの反応が大きく変わったことが理由として挙げられます。

さて、「笑い」をビジネスで使うために、「なぜ笑いが生まれているのか？」を理解する必要があります。つまり**「笑いのメカニズム」を理解することで偶然の産物ではなく、再現性高く笑いを生み出す**ことができるようになります。

この「笑いのメカニズム」を理解していない典型的な例をお伝えすると、職場で役職が上の方が、朝礼や全社会議で話をしているときに「今笑うところだぞ！」と言って、聞いている側が気を使って「あははは」と笑うシーンを見たことがあるでしょうか。

この一連の**無理やり笑わないといけない事象のことを株式会社俺では「笑いのカツアゲ」と呼んでいます**。

こんなカツアゲ行為をしないためにも、笑いのメカニズムを必ず覚えて帰ってください。では、笑いのメカニズムとは何かというと、非常にシンプルなものになります。それは、「緊張」と「緩和」です。漫才、コント、落語、トークなど、全てのお笑いはこのメカニズムが根幹に存在しています。

例えば、緊張と緩和が一番分かりやすいシーンの例を挙げます。

- **緊張**：お坊さんがお葬式で
- **緩和**：屁をこく

では、このシーンをリアルにイメージしていきましょう。

お坊さんが叩く木魚の音が響き、部屋には独特の静けさと緊張感がある。親族の方が涙するかすかな声、お線香の香りが部屋中に漂っている。

そんな張り詰めた中、

お坊さんから「ぷぅ～」と気の抜けたオナラの音が聞こえる。一度ではなく、二度、三度と木魚の音に合わせて気の抜けた「ぷぅ～」と音が聞こえてくる。

少しは、笑いのメカニズムのイメージが湧いたのではないでしょうか。

ポイント　笑いは生産性、営業成果、信頼関係、様々なものに効く

◇「笑い」にはメカニズムがある

さて、「緊張」と「緩和」をさらに親しみやすくするために、お笑い芸人が使っている別の呼び方を紹介します。もしかすると、あなたもこちらの呼び方の方が聞き馴染みがあるかもしれません。それは、「フリ」と「オチ」です。

「フリ」とは何かというと「共通認識」です。
「オチ」とは何かというと「真逆」です。

もちろん、オチにはいろんなパターンが存在しますが、今回は分かりやすく真逆と定義します。さて、この**「フリ」「オチ」の構造を一番理解しやすいのは、写真を使った大喜《おおぎ》利《り》です。**

それでは早速、図10の写真で大喜利をやってみましょう。せっかくなので、流し読みしないでやってみてください。もし、自分で考えた回答に笑うことがあれば、創造性や生産性が向上することが証明されているので、ぜひ楽しんでチャレンジしてみてくださいね。

図10◆大喜利　この子が何を言ったら笑いが生まれますか？

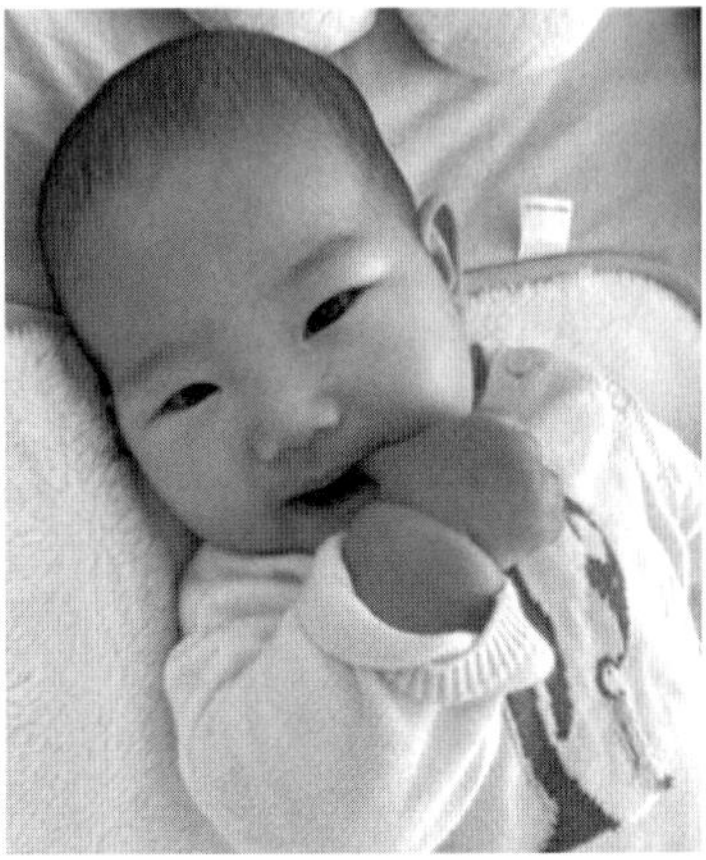

- **大喜利**：この子が何を言ったら笑いが生まれますか？
- **回答例**：とりあえずビール持ってきてくれる？
- **回答例**：貧乏って遺伝するから親として頑張れよ

このような回答をすると笑いが生まれる可能性が高いです。もちろん、正解はこれだけではありませんし、この回答より面白い回答は幾つも存在します。どうしても回答例というとハードルが上がり、スベってる感が否めませんが心を強く持ち解説していきます。

この大喜利の場合の、「**フリ**：共通認識」は、世の中のことを何も知らない赤ん坊です。

その「**フリ：**共通認識」に対して、「**オチ：**真逆」をイメージしてください。つまり、赤ん坊が絶対に言わないであろうことです。このように笑いのメカニズムを使いながら笑いは作られています。

ポイント **笑いの構造は、「フリ」と「オチ」に集約されている**

◇「笑い」は雪だるまが転がるように大きくなる

ここまでは、「笑いの生み出し方」について話をしてきました。

実は、もう一つ笑いについて深掘りしたいことがあります。**「笑い」というものが、どのように大きくなり爆笑へと移行していくか**についてです。少し分かりにくいと思うので関係開始の例で説明すると、例えば、自己紹介の時点で「できる限り笑いを取りたい、あわよくば爆笑を取りたい」と思われている方もいるのではないでしょうか。

断言します。不可能です。

なぜかというと、**「笑い」というものは基本的に雪だるまが転がるように大きくなって**

図11◆真ん中を押さえて外していく

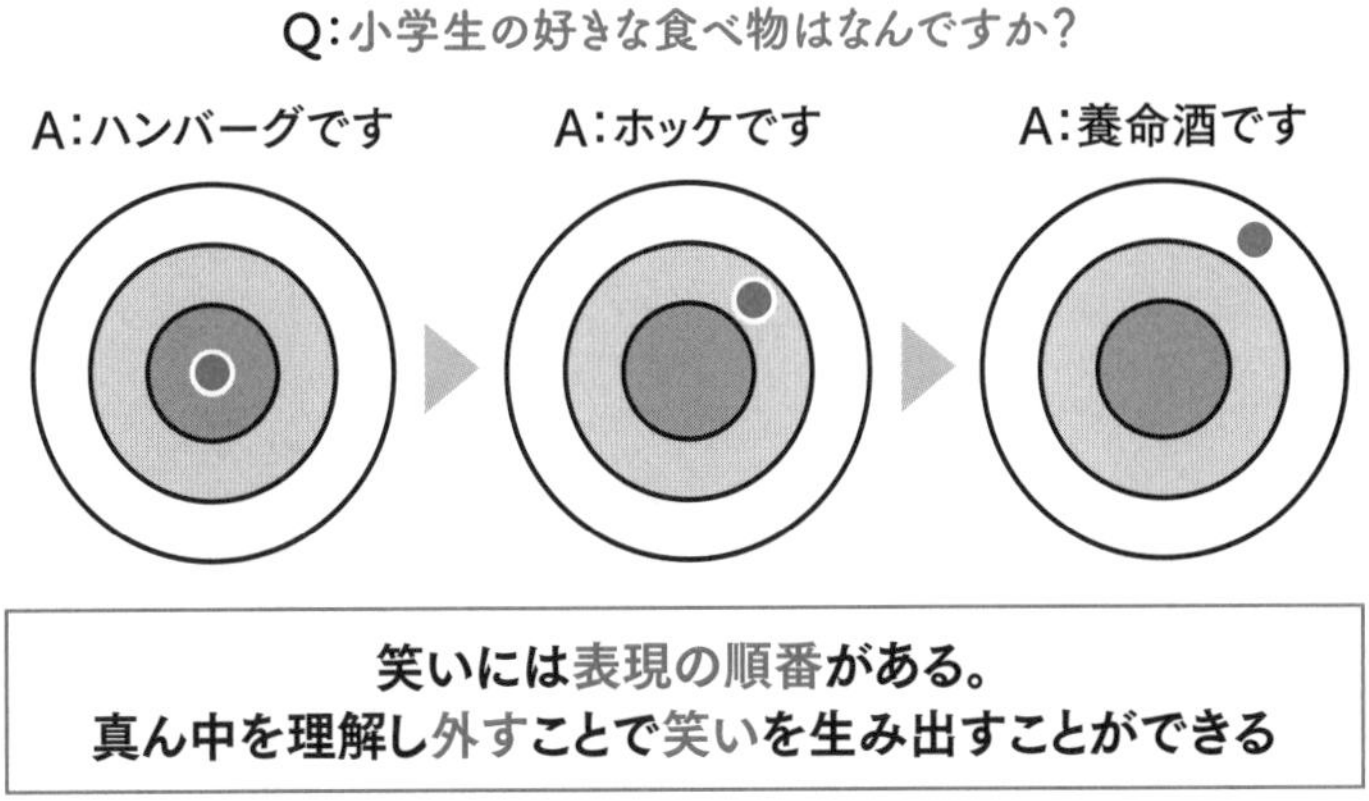

殿村政明著『一瞬で相手の心をツカむ！ 笑いのスキルで仕事は必ずうまくいく』（小学館、2010年5月）を参考に著者作成

いく特性があるからです。つまり、関係開始の自己紹介時点で取れる笑いの大きさは、「クスッ」とさせることが限界であるということです。

　このクスッとさせる手法を漫才では「ツカミ」、落語では「まくら」と言います。ネタの内容に入る前に、「自分が何者かを伝え」「お客様が笑いやすい空気を作っておくこと」を目的としています。ビジネスで言うとアイスブレイクに近いものがあります。

　具体的に、どのように笑いが大きくなっていくのかを、図11に分かりやすく構造化しました。

　まずは、一つ問題を出します。

「小学生の好きな食べ物はなんですか？」

この問題に対して、小学生が好きな食べ物の「ど真ん中」を考えてみてください。ど真ん中というのは共通認識とお考えください。例えば、ど真ん中で言えば「ハンバーグ」「カレー」「唐揚げ」などの回答がイメージできると思います。

次に、**ど真ん中を理解した上で、少しズラして笑いを作ります**。例えば、「ホッケ」「チャンジャ」「板わさ」などの回答がイメージできると思います。この「少しズラす」という部分に笑いのセンスや経験が物を言い、笑いの量に影響を及ぼします。

ただ一方で、図11の3つ目の「養命酒」などの回答が2つ目に出た場合、ズラしすぎていて笑いが生まれず、むしろ「何を言っているか分からない」という状態に陥ります。

つまり、笑いを生むためには、ど真ん中を理解した上で、「少しズラした程度のこと」を意図的に入れる必要があるということです。これが、「クスッ」と笑えることということです。

自己紹介で爆笑を取ろうとする行為というのは、**誰かも分からない人が出てきて、共通認識がないまま3つ目のズレたことを言っている**だけとなるわけです。完全に公開処刑です。絶対にやめましょう。これは、挑戦という綺麗な言葉ではなく、ただの無謀です。

ただ、どうしても「自己紹介で『クスッ』までは確実に取りたい。取った方が、後のプレゼンなどに効いてくる」という方もいると思います。

そういう場合は、**「笑いを取りに行ってるわけじゃないですが、まあ笑うならお好きにどうぞ」**という風を装って発言してください。頑張って「面白いことを言っている」という間を取ったり顔をしたりするのではなく、自己紹介の中にさりげなく「まあ、〇〇ですけどね……」と少し添えるイメージで笑いを取りに行くことをお勧めします。

そうすることで「笑いのカツアゲ」になることなく自然な空気を保つことができます。また、万が一、**スベったときのリスクヘッジにもなり、「別に、笑いが欲しかったわけじゃないので……」という風に装える**ので、あなた自身がダメージを負うことなく関係開始の会話を継続することができます。

余談ですが、スベることとは強いストレスを精神と体に与えます。あるお笑い芸人さんの話では、スベりすぎて身体から謎の青い分泌物が出て、Tシャツを藍色にしたそうです。

どうか、ご無理のないようにお体ご自愛ください。

ポイント　いきなり大爆笑を狙わない

◇義務教育では教えてくれない「笑いの磨き方」

「笑いの生み出し方」「笑いの特性」について話してきました。最後に「笑いの磨き方」について話をできればと思います。

ここまで読んできたけど……、本当に「笑い」を取ることを身につけることができるのかな？　と思われている方もいらっしゃるのではないでしょうか。

そんな方のために、一般人の面白いレベルであれば筋トレ同様にトレーニングすれば強化が可能だということをお伝えします。なぜなら、笑いというものは**「面白いことを考えるという思考力」**によって作られるからです。つまり、必ず誰でも現状より面白くなることができます。

さて、具体的に解説していきましょう。私は人前で話す機会も多いことから、「どうすれば面白いことが思いつけるのか？」や「どうすれば面白くなれるのか？」というような質問をもらうことが多くあります。

私も、お笑い芸人を目指していた人間であることから、心の底にある純度の高い欲求として「面白くなりたい」というものが今でもあります。

図12◆「今からノートに、コップを描いて下さい」

そんな私が若手芸人の頃に学んだ、「面白いことを生み出すモノの見方」を一つと、今でも習慣になり実践している「面白い話ができるようになる方法」を一つお伝えします。

まず、私がお笑い芸人を目指し、あるお笑いの学校に通っていた頃に学んだ「面白いことを生み出すモノの見方」をお伝えします。先ほど紹介した「少しズラす」方法にも繋がってきます。

それは、ある講師が出した問題でした。この問題は、**「面白いことを生み出すモノの見方」**を簡単に理解することが可能です。

今からその問題を出すので、あなたも考えてみてください。

「今からノートに、コップを描いて下さい」

もし、あなたが図12のようなコップを描いてい

図13◆さまざまなコップ

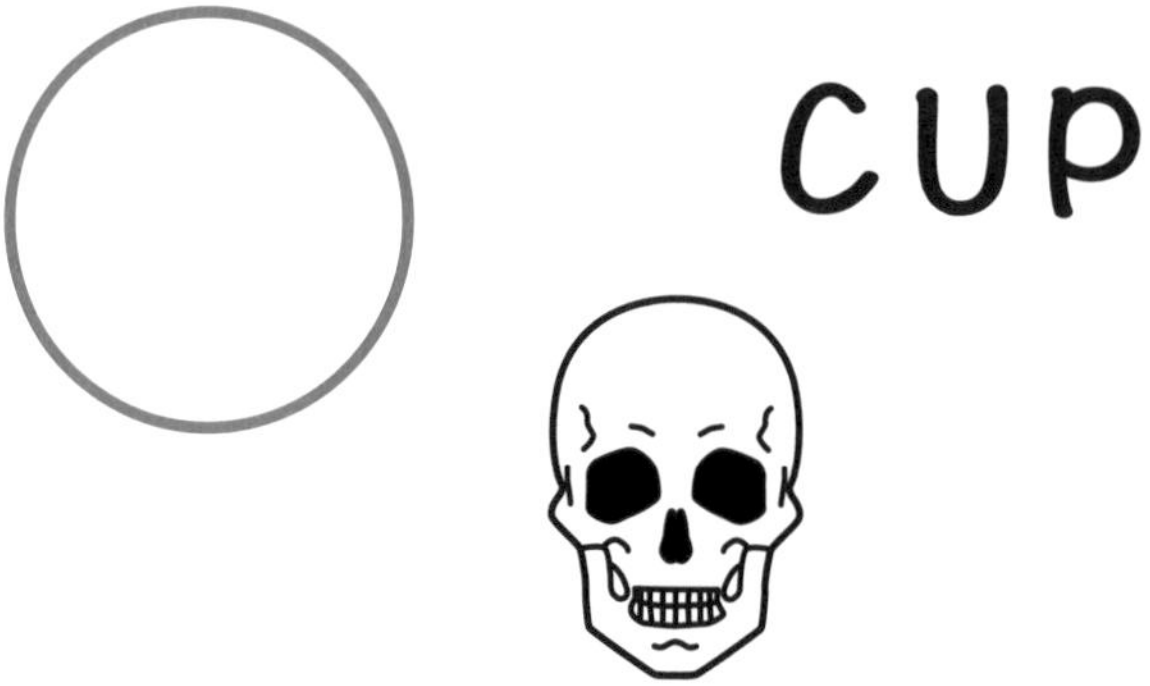

たら、「お笑いのモノの見方」や「考え方」が備わっていないことが分かります。

例えば、コップを描くだけでも図13のように、「上から見た円」や「ＣＵＰ」と英語表記にしてもコップではあります。さらには、「部族のコップだとして頭蓋骨」でも良いわけです。

このようにコップだけの話ではなく、モノや事象に対して真正面からだけ捉えるのではなく、「裏から見たら」「斜めから見たら」「違う国だったら」など、**いろんな視点で捉えられることが「お笑いのモノの見方」**であるということです。

私は、人生を楽しく生きていくために「お笑いのモノの見方」が、非常に重要であると考えています。お笑い芸人の本質的な力は、コミュニケーションスキルではなく、**「人生を面白がる力」**だと考えています。

例えば、財布を落としたら、最悪だと思わず、人に話せるネタができた……と考えます。告白して好きな人にフラれたら、人に話せるネタになるように、どうせなら無惨にフラれたい……と思うわけです。もちろん、悲しいです。でも、悲しみながら笑うわけです。

チャーリー・チャップリンの名言でも**「人生は近くで見れば悲劇だが、遠くから見れば喜劇だ」**とあるように、人生に起こる全ての事象には、さまざまな見方や捉え方があります。つまり、起こってしまった「辛い経験」について、この瞬間の「見方」や「捉え方」の中で、何を選択するかによって、「未来」の人生が変わってしまうということです。

私が、お笑い芸人を辞めたことを「諦めた」や「人生の終わり」と捉えるのか、「前に進む一歩」や「チャレンジ」と捉えるかによって未来が大きく変わったことは言うまでもありません。当然、私は「チャレンジ」と捉えて今があります。

「仕事での大きな失敗」や「嫌な上司の言葉」に、「打ちひしがれるのか」「経験として活かして次に進むのか」、それは全てあなたの捉え方次第です。

ちなみに私が、この捉え方を瞬時に変える方法として使用していたものを紹介しておきます。私にも、働いている中で「辛い経験」はたくさん存在しました。

分かりやすい例で言うと、お笑い芸人から転職した会社の上司は、「鬼軍曹」という「絶対にパワハラをします」と言っているようなあだ名で周囲から呼ばれている人でした。

かなりの頻度で怒られていたため、笑えるトークにするのにもメンタル的にキツく……どうしたものかと悩んでいました。心理学的に捉え方を変える理論として、ＡＢＣ理論というものがありますが、「理屈は分かるが実際にやるのは難しい……」と悩んだ日々でした。

そんな状況の私が、編み出したのがコントの設定として受け入れることでした。上司に呼び出されると、**上司との打ち合わせが始まる部屋の前で「コント：パワハラ上司」とコントの設定を口にして、打ち合わせに挑むようにしました。**

すると、今までの厳しい上司が、このご時世に積極的にパワハラをするコントのキャラクターのように客観的に見えるようになりました。例えば、「この上司、イラついた顔うまいな」や「そこで怒鳴ることで引きつけるんだ」や「あれ怒りすぎて次の言いたいこと忘れた？」など、面白く見え始めました。

「仕事での大きな失敗」や「嫌な上司の言葉」に直面したら捉え直しきれない気持ちも痛いほど分かります。ただ、一度で結構です。心の中で、大きな声で「コント：○○」と発してみてください。きっと、喜劇の世界に自ら入り込んでいけるはずです。

ポイント　嫌な上司の説教を聞くときは、
心の中で「コント：パワハラ上司」と叫ぶ

◇完全コピーすると飛躍的に上手くなる

さて、「笑いの磨き方」の2つ目として、今でも習慣になり実践している「面白い話ができるようになる方法」をお伝えしていきます。

羽生善治氏の言葉に「誰でも最初は真似から始める」とあるように、自分が面白いと思うお笑い芸人の話を完全コピーしてください。

「面白い」とは、価値観です。

つまり、**自分が「面白い」と思うお笑い芸人さんは、自分の「笑い」の能力を磨き、才能を掛け合わせた延長線上の先にいる可能性が高い**からです。

ここで重要なのは、どれほど完全コピーするのかということです。例えば、分かりやすい例で言うのであれば、自分が面白いと思うお笑い芸人さんのスベらない話のトークを文字に書き起こしてください。今であれば書き起こすソフトがあるので非常に簡単にできると思います。

そこで、あなたが選択したお笑い芸人さんのトークの構造を理解してください。どこが「フリ」で「オチ」にどのような言葉を使用しているのか。次に重要なのは、そのトークを全て記憶して、**同じ「テンポ」と「間」で喋れるようになってください**。いくつもの話でトライする必要はありません。一つを完璧に仕上げてください。

実は、お笑いで重要なのは、「面白い言葉」ではなく、「間」です。分かりやすい例でいうと、一流のお笑い芸人さんであれば「なんでやねん！」という誰でも使っている言葉で笑いが生まれます。つまり、「間」の方が「面白い言葉」よりも遥かに重要なことが分かります。

では具体的に、トークの中でどのようなタイミングで「間」を活用しているかを解説していきます。**一番分かりやすいのは、「ボケ」や「オチ」の前です**。つまり、強調したいところの前で「間」を少し空けることによって、「ボケ」や「オチ」の言葉が強調され笑いやすくなります。

注意点は、「間」を空ける長さです。長ければ長いほど「ボケ」や「オチ」が強調され、期待感が高まります。大したことがない「ボケ」や「オチ」にもかかわらず、「間」を空けすぎると大きくスベる危険性があります。ぜひ、ご注意ください。

このような「間」のタイミングや「間」をどれくらい空けると良いのかを身につけるために、完全コピーを行ってください。**「間」を理解することで、飛躍的に面白くなること間違いなしです。**

私も、今では書き起こすことは無くなりましたが、若手芸人時代は、島田紳助さんや千原ジュニアさんのトークを書き起こして同じように喋る練習をしていました。今でも習慣として、毎日音楽を聴くように『松本紳助』『にけつッ!!』『太田上田』『人志松本のすべらない話』『あちこちオードリー』のようなトーク番組をＢＧＭのように流して聴くようにしています。

余談ではありますが、このＢＧＭのように聴く習慣は、私が高校生の頃から始めた習慣で、周囲の同級生は、ＭＤプレイヤーで「Mr.Children」「安室奈美恵」「浜崎あゆみ」などの音楽を聴いていました。そんな中、唯一、私だけ「中川家さんの漫才」を聴きながら学校に通っていたのを思い出します。笑いの文化がない三重県伊勢市の田舎出身なので、言うまでもなく同級生の中で浮いてましたよね……。

ぜひ、**いつもの音楽をトーク番組や漫才に替えてみてください。**それだけでも、変化を感じると思います。ちなみに、音楽からトーク番組に替えるとメリットとして、「聴くだけで面白い」という副産物もつきますよ。

ポイント **通勤の音楽を、漫才に替えて、間を盗む。1.25倍速で聴いてはいけない**

◇多くの経験を共にできる「可愛がられる人」

ここまで、他者を好きになる要因の**「①顔馴染み感」**や笑いのメカニズム、笑いの特性、笑いの磨き方について話をしてきました。その中で、関係開始の自己紹介にて少し**「②同類感」**にも触れましたが、さらに「他者から好かれる人になる」ために深掘りしていければと思います。

さて「同類感」では、価値観や経験が似ていることが重要となります。

ただ、ビジネスシーンでは、**価値観や経験が似ているかどうかを「見た目」で判断する**

ことは、不可能に近いのが正直なところです。

私が一番、「見た目」で判断が不可能だと思うのは、毎年4月ごろ新入社員の集団を見かけるときです。この集団は、紺色のスーツに黒い靴と黒い鞄をほぼ全ての人が着用しているため、「メガネか、メガネ以外か」でしか、認識することが困難な状況です。

そんなこともあり、個人名で呼ばれることは少なく「人」「猫」「車」のような普通名詞の通称で、「新入社員」と呼ばれているのだと思っています。

ただ、**プライベートであれば価値観を見た目で判断できる可能性が非常に高いです**。例えば、服装などは価値観の表れそのものです。ヒップホップが好きな人はヒップホッパーのような服装を好みますし、ホストのような方は先が尖った靴を履くわけです。

新入社員に限らず、やはりビジネスシーンでは、見た目では判断することが困難であるため「自ら質問をして似ている価値観を探す」必要があります。また、「経験」でいうと今までの経験をただ聞いていくだけではなく、**相手との未来の中で「多くの経験を共にする」ことも重要**となっていきます。

では、「同類感」を獲得するための行動の一つでもある「多くの経験を共にする」からお話ししたいと思います。

「自ら質問をする」ことも重要なのですが、質問ばかり紹介しても「またですか……」と言われてしまうと思うので、まず、別の切り口から書いていきたいと思います。

多くの経験を共にするために最も効果的な手段は他者から「可愛がられる人」になることです。なぜかというと、やはり「自分から誘う」という行為には勇気がいります。「断られたらどうしよう……」「迷惑だったらどうしよう……」と考えてしまい、自分から誘うことに億劫になってしまうからです。特に、職場の同期ならまだしも、尊敬する先輩や上司となると精神的なブレーキが高まり、難易度はどんどん上がっていきます。

そんな心の負担を自分にかけないためにも、**相手から誘われる「可愛がられる人」になる必要がある**ということです。では、具体的に「可愛がられる人」というのはどのような人のことをいうのでしょうか。

ここで、「可愛がられる人の共通点」をハーバード・ビジネス・スクールの論文からご紹介します。それは、**「言動や行動を予測しやすい人」**と記されています。もう少し具体的に要素をお伝えすると、**「一貫性がある」「分かりやすい」「素を隠さない人」**となっています。前段部で紹介している自己開示などが有効であることはここでも分かります。また、「4つの対人魅力の要因」とも非常に近しいものがあります。

ポイント

「一貫性」「分かりやすさ」「素を隠さない」が大切

◇可愛がられないと生活できない売れない若手芸人の技

さて、「一貫性がある」「分かりやすい」「素を隠さない人」の要素をどのように自分に取り入れていけばいいのでしょうか。難しいことは全て横に置き、お笑い芸人さんが使用している、あなたも実践したくなるノウハウを2つ解説していきます。

なぜ、ここでお笑い芸人の方々が使っているノウハウを紹介するかというと、お笑い芸人というのは、**売れている先輩に可愛がられないと、自分が売れる確率が格段に下がる**職業だからです。

お笑い芸人さんの中には「豊臣秀吉の織田信長への気遣いは80点だ。俺なら草履を温めていたことを織田信長へ気づかせることはない。温かいことが当たり前の日常にする」と口にしていた人も居るほど、可愛がられることに長けているお笑い芸人さんもいます。

これは、「売れている人から仕事がもらえるから」という安易な理由だけではなく、**面**

白い人たちに囲まれる環境に身を置いていないと、面白くなるための成長速度が落ちてしまうからです。この環境の重要性については、第4章で詳しく紹介していきます。

つまり、お笑い芸人さんが先輩に可愛がられないということは、売れる可能性を格段に下げてしまっているということになります。余談ではありますが、正直な話、お小遣いや美味しいご飯も大きい要因ではありますけどね。私も、タクシー代をもらっても節約のために、何度1時間以上歩いて家に帰ったか分かりません。

お笑い芸人さんにとって「可愛がられる」ことが、どれほど死活問題につながるかを理解していただけたと思います。そんな状況の中で、お笑い芸人さんたちの手によって編み出された至極の「可愛がられるノウハウ」を2つご紹介させていただきます。

ポイント　すごい人に可愛がられると、成長速度が上がる

◇サブリミナル効果を使い相手の「心に刺す」

それでは1つ目のノウハウをご紹介します。**サブリミナル効果**というものをご存知でしょうか。諸説ありますが、例えば映画などで観客に気づかれないように一瞬だけフィルムに「コーラ」を映り込ませると、観客が「見たことを気づいていない」のに、コーラが意識に残り「コーラが飲みたくなる」効果のことを言います。今では、禁止されていると言われています。

このようなサブリミナル効果を活用したノウハウになります。このノウハウを活用して**「分かりやすい」「素を隠さない人」という要素を取りに行く**ことができます。

では、具体的に説明していきます。ビジネスでの活用イメージを湧かせるために、上司や先輩との飲みの席を想像してください。

あなたが上司と二人で飲んでいるとしましょう。チームで飲みに行くことはあっても、二人で飲みに行く機会は少ないため、楽しさを感じているあなた。思わず上司に対して「今日は本当に楽しいです」と伝えました。それを聞いた上司はどう思うのか……。当然、率直に嬉しいですが「気を遣わせているのかな……」と素直に喜べない人も多いのではないでしょうか。

そんな風に誤解を招かないために**「分かりやすく、素を伝える」**方法があります。具体的にイメージしてください。

対面でそのまま伝えると疑念が生まれやすいので、トイレに行くときに相手に届くギリギリの声で「今日はすごく楽しい……」とつぶやいてトイレに行ってください。

このように伝えることで、上司からは「本音」が漏れたと認識されます。なぜ、「楽しい」ことを上司にわざわざ伝える必要があるかというと、まともな上司であれば部下と飲んでいると「本当に楽しんでくれているかな……」「パワハラになっていないかな……」と不安を感じていることが多々あるからです。

部下からリアルタイムの気持ちを自己開示することで、上司も安心してあなたのことをこれからも誘いやすくなり、多くの経験を共にできるようになります。

また、ビジネスシーンではクレームなどのネガティブな感情を率直に伝えられることはあっても、**相手にポジティブな気持ちを伝えることも、伝えられることも少ない**ため、この経験自体が相手の印象に残りやすくなります。

余談ではありますが、どれほど人の記憶に残りやすいかというと、ある会社の新入社員100名に対して、サブリミナル効果を活用した一言を教えました。

３ヶ月後、その会社の部長さんから電話があり「中北さん、あなたは一体何を教えたんだ!?」と焦ったような口調で問い詰められました。

私も３ヶ月経っており何のことだか分からず「何がですか？」と聞くと、部長さんに**「今年の新入社員１００人中の１００人が、トイレ行くとき何か言うぞ！」**と笑いながら怒られました。この年の新入社員のことを部長さんは、おそらく生涯忘れることはないと思います。

さらにビジネスシーンでの活用法をお伝えすると、この一言は「打ち合わせ」や「1on1」で使用しても非常に効果を発揮します。

例えば、あなたが上司の立場であれば**部下の発言に対して「いい意見だな……」「いい質問だな……」とつぶやいてあげる**だけでも、心理的安全性（※）が生まれやすくなります。

※心理的安全性とは……個人やグループが恐怖やリスクを感じることなく意見交換や仕事でチャレンジできる状態。

また、あなたが部下の立場であれば上司の発言に対して「すごい憧れるな……」「尊敬できるな……」など、一言呟いてあげるだけでも上司の心理的安全性が生まれることは間違いありません。心理的安全性の詳しい作り方については、第7章のマネージャーのチーム作りでお伝えさせていただきます。

ぜひ、まずは活用してみてください。そして、「Aさんにはこの一言が刺さるな」「Bさんにはあっちの方がいいか」などゲーム感覚で、相手に使うとモチベートできる言葉を探ってみてください。あなた自身も使いながら徐々に楽しくなってくるはずです。

ポイント　大声よりも、ボソッと言う方が相手の心に届く

◇お笑い芸人は4回お礼をする

さて、2つ目のノウハウをご紹介します。**「②同類感」**で紹介した「多くの機会を共にする」ことは「打ち合わせ」や「1on1」も含みますが、当然「飲みの場」も含むわけです。

せっかく、一度誘ってもらったにもかかわらず、それ以降は疎遠になってしまっては**「同類感を獲得する機会」**が減ってしまいます。

また、昭和のビジネスシーンを生きてきた人の中には「一緒に飲んだ」という事実を大切にする方もいたりします。飲みの席で何を話したかは特に重要ではなく、また飲みの席の目的もなく「あいつとは飲んだことがある」を異常なほど重視します。

私は、そのような方々のことを「新橋赤提灯人間」と妖怪のように呼んでいます。

さて、ここで重要なのは、「新橋赤提灯人間」との飲みの席の話ではありません。尊敬している方との「飲みの場」であれば、継続してご一緒したいのが本音だと思います。そこで、継続して飲みに行き続けるためにお笑い芸人さんが使っている4回のお礼というものをお伝えします。

私が、4回のお礼を先輩のお笑い芸人さんから初めて教わったとき、**4回全てに目的や意図が存在し、あまりに計算し尽くされている**ので唸りました。それでは具体的にお伝えします。

※図14のお礼は、ご馳走してくれたりお金を多めに出してくれたりした上司（先輩）に対して行っています。

- **お礼①**：レジの前でお礼
- **目的①**：レジ前でお店にいるお客さんに聞こえるように大きな声でお礼を伝えることで、上司（先輩）の承認欲求を満たす

図14◆お笑い芸人が使う4回のお礼

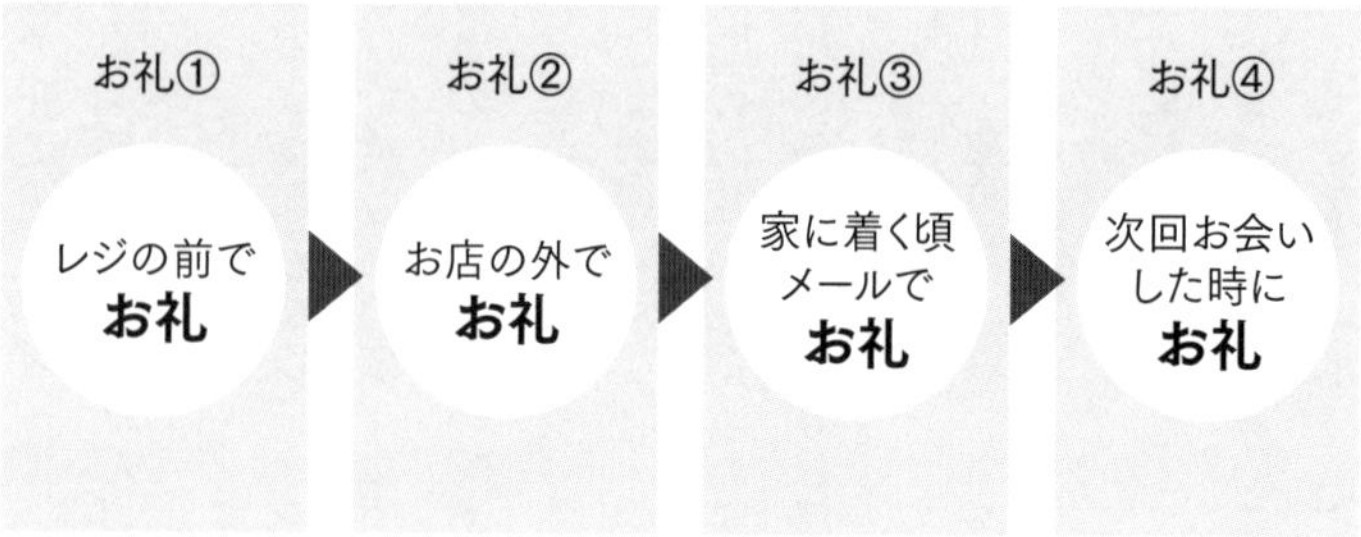

- **お礼②**：お店の外でお礼を伝える
- **目的②**：お店の外で、改めて上司（先輩）に対して目を見てお礼を伝える
- **お礼③**：家に着くタイミングでメールやＬＩＮＥにてお礼を伝える
- **目的③**：家族やパートナーとの話題の一つとしてもらう（遅くなった言い訳にもなる）
- **お礼④**：次回会社でお会いした時にお礼を伝える
- **目的④**：職場の人に聞こえるような大きな声でお礼を伝えることで、上司（先輩）の承認欲求を満たす

さらにお礼④のタイミングで、**「またご一緒させてください」**の一声とともに、**「次は、いつ頃行きますか？」**と具体的な日程ではなくても「いつ頃」だけでも聞いておくことで、次回の約束をこちらから切り出しやすくなります。このようにお礼をすることで継続的にスケジュールを入れ続けることができるわけです。

この4回のお礼は、時代的に飲みの文化が徐々に衰退していることから失われてきている礼儀作法です。だからこそ、**4回のお礼を使うことで劇的にその他大勢との差別化が見込める**こと間違いなしです。

ちなみに、私はご馳走した後輩から「お礼」が一回もない場合、その後輩を二度と誘いません。なぜかというと、相手に対して敬意がないからだけでなく、私との飲みの席が全く楽しくなかった可能性があるからです……。やはり、私のような「新橋赤提灯人間」からは、二度と怖くて誘えないですよね。

ポイント

「レジの前」「お店の外」「家に着く頃」「次回会った時」4回のありがとうを使いわける

◇ほとんどの人の価値観は言語化されていない

さて、ここからは**「②同類感」**の「価値観や経験が似ている」ことを知るために「自ら質問をして似ている価値観を探す」について解説していきます。

さて、ここであなたに質問があります。正直に答えてくださいね。

「あなたの価値観はなんですか？」

この質問に対して、「私の価値観は……」と**すぐに回答できる人は、ビジネスシーンに限らず世の中で非常に稀**です。つまり「価値観」を、質問を通して探ろうにも明確に言語化されていることがあまりないため、特定が非常に難しいわけです。そんな困難な状況を突破して、価値観を特定するために使える質問が2つあります。この質問は、営業であれば絶対に押さえたほうがよい質問です。

万が一、あなたが営業にもかかわらず、この質問を全く見たことも聞いたこともなければ、おそらく駆け出しの営業か、成果が出ていない営業だということが分かります。流し読まず絶対に持ち帰ることをお勧めします。

図15 ◆ 2つの質問

① トーク・クエスチョン	**価値観や欲求を「明確」にすることを目的とした質問** 「○○さんは、AとBだと、どちらの方が好みですか?」 「Aさんは、△△を大切にしていて、Bさんは□□を大切にしています。どちらの方が近いですか?」 など具体的な事例を話しながら明確にしていく
② ウィル・クエスチョン	**「個人の価値観や欲求」を引き出すことを目的とした質問** 「○○さんの拘りはなんですか?」 「○○さんから無くなったら、○○さんでなくなるものはなんですか?」 など相手の価値観や欲求を探っていくために使う

さて、図15に書いてある2つの質問は、使用方法だけでなく使用する順番も大切です。では、使用する順番に沿って説明していきます。

①トーク・クエスチョン

この質問は、**価値観や欲求を明確にするために、他者の事例などを出しながら特定していく質問**になります。価値観が明確になっていない場合は、率直に聞いても回答を得られることはほぼありません。そこで、**「AとBだと、どちらの方が好みですか?」**など、事例などを出しながら比較して探ることで立体的に解像度高く価値観が見えてきます。

②ウィル・クエスチョン

①トーク・クエスチョンで価値観を探りながら、立体的に見えてきたところで「拘り」や**「〇〇さんから無くなったら、〇〇さんでなくなるものはなんですか？」**など、その人ならではの価値観が見えるような「質問の言葉」に変えて行います。「価値観はなに？」と聞かれると思いつかないですが「拘り」と聞かれると耳馴染みもあり、思いつきやすいことがあります。

このように2つの質問を順番に行うことで、**相手の言語化されていないフワッとしていた価値観の解像度が増していき、探り当てることができる**ようになります。

営業シーンでも、この質問を使いながら自社の事例などを伝え、相手の要望や欲求を明確にし提案へと繋げていくわけです。

余談ではありますが、コンサルタントでナンバーワンとなる人間は、プレゼンテーション能力が高い人間ではありません。どのような人間がナンバーワンになるかというと、**質問力がある人間**です。

なぜかというと、質問を通して、競合他社が知り得ない欲求や情報を獲得しているため提案のクオリティが圧倒的に高まるからです。仮にボソボソとプレゼンテーションをしたとしても提案内容が圧倒的に本質をついているのであれば関係なく受注するわけです。

営業の方々は、絶対にこの2つの質問を覚えて実践できるように準備をお願いします。

ポイント　2つの質問で価値観を引き出す

◇マズローの欲求5段階説を使った相槌の打ち方

さて、ここまで関係開始の会話術の一つでもある「質問」について説明してきましたが、みなさんも気になっていることがあると思います。

「そもそもこの質問……、相手の人は答えてくれるのか？」と思われている方もいるのではないでしょうか。非常にその気持ち分かります……。

コミュニケーションというものを分解すると「発信」と「受信」の2つの要素に分けることができます。

人との会話が続かない、もしくは盛り上がらない人の思考の特徴として、「発信」を強化しようとする傾向があります。具体的には、「どうすれば面白く話せるのか」などの

「話し方」や「どうすれば面白い内容を盛り込めるのか」などの「話す内容」の方へ意識が向きがちです。

実は、**人との会話が続かない、もしくは盛り上がらない人が、最も意識するべきは「受信」**にあります。なぜなら会話は、結局のところ相手とのキャッチボールだからです。どれだけ速い球が投げられようとも、相手の球を受けることができなければキャッチボールは成立しません。

「キャッチボールしようよ！」と相手から誘われたのに、グローブすら持っておらず、あなたが投げるボールを受け取るそぶりがなく、さらにはボールを拾いにも行かず、自分のポケットに入っているボールばかり投げてきていたら、異常な光景すぎて「こいつとは一生キャッチボールするのはやめよう……」と思うのは当たり前の話です。それであれば、チャットＧＰＴと話をしていた方が圧倒的に楽しいと思ってしまいます。

つまり、重要なのは**「受信」であり、相手が気持ちよく話せるような「聞き方」や「話しやすい雰囲気づくり」である「相槌」が重要**ということです。相手が投げてきた球をキャッチャーミットで「バシッ！」と大きな音を立てて捕り「ナイスボール」と声もかけて

図16◆マズローの欲求5段階説：使える相槌

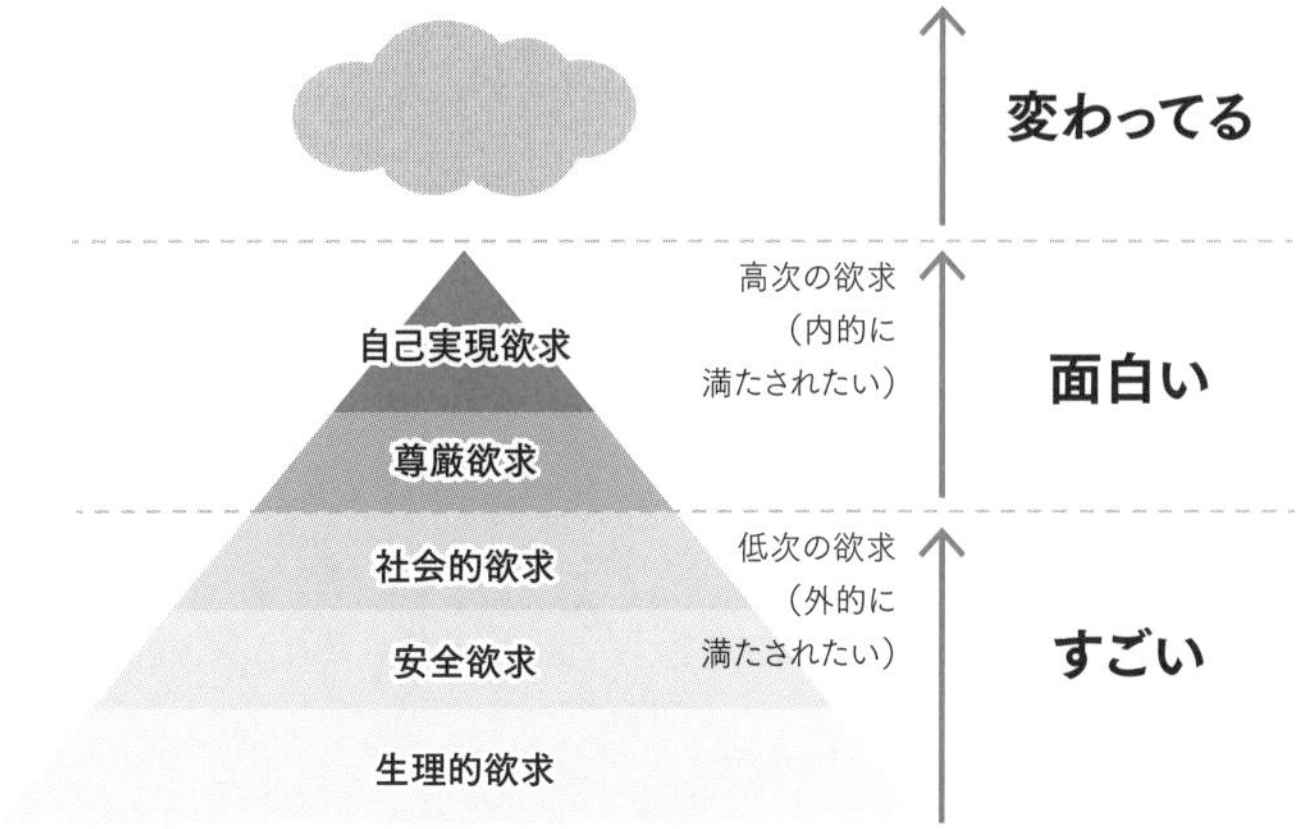

あげることで、相手も肩を壊すほど投げ込んでくれるようになっていくわけです。

では、どのような相槌を打つと相手が気持ちよく自分の話をしてくれるのでしょうか。マズローの欲求5段階説を参考に説明していきます。

マズローの欲求5段階説とは、アブラハム・マズローが、**「人間は自己実現に向かって成長する」**と仮定して、人間の欲求を図16のような、下から順に満たしていく5段階の階層で示したものになります。今では、この理論に対して諸説ありますが、分かりやすく説明するために一つの基準として扱います。

ここでお伝えしたいのは、実は、相手が達している**欲求の階層によって、「相手が気持**

ち良くなる」または「話しやすくなる」相槌が変わるということです。

例えば、どの欲求段階の人に対してどのような相槌が効果があるかというと、

・「社会的欲求」を満たしたい人

この方々は、**「すごい」と相槌を打つと話すことがノリノリになっていきます。**なぜかというと、社会的に認められたいという欲求があるため「他者よりすごい」という言葉を集めて生きている傾向があるからです。家にファイルして飾ってあるのかな……というほど集めています。新しい「すごい」コレクションをプレゼントしましょう。

・「尊厳欲求」以上を満たしたい人

ここまで来ると「すごい」という言葉では心を動かすことは難しくなります。なぜかというと、資本主義で競争に勝ってきた方が多く「すごい」を言われ慣れてきているからです。「尊厳欲求」以上を求めている方は、すでに他者との比較を終えており、オリジナリティを求めています。

効果的な相槌は「面白い」です。**「新しい発想であること」「初めて見た」**など、**オリジナリティを指摘する相槌を打つ**ことで心が躍り出し、「こんなこと初対面で言っていいのかな」とニンマリと笑いながら、ベラベラとなんでも話をしてくれる傾向があります。

ちなみに私の経験則上、**社会的欲求の相槌は課長までの役職の方に効果が高く、尊厳欲求の相槌は部長以上の役職の方へ行う**と効果が高い印象があります。

・「自己実現欲求」が終了した雲上の人

全てを手に入れており5段階では表現しきれない雲上の人も存在しています。例えば、資産数百億円で若い起業家の成功を心の底から応援する方や、○○省の事務次官のようなエリートの中のエリートのような方は、**「面白い」ですら心を動かすことは難しくなっています。**

このような圧倒的な成功者と対峙すると一般的な人は、畏怖を感じ自分でも気付かぬうちに機嫌取りに走ってしまう傾向が顕著にあります。さらに「この人に気に入られるとメリットがあるかも……」と下心なども頭をよぎり出すと目も当てられないほど、いかがわしい笑い声を振り撒くロボットと化してしまうこともあります。

そんないかがわしい取り巻き達に囲まれている相手だからこそ、相槌を「変わってますね」と少し攻めたものに変えてみてください。すると**普段言われ慣れない言葉だからこそ「君、いいね！」となる**可能性があります。

注意したいのは「変わってますね」の相槌を打った場合、いかがわしい取り巻き達がピリつくことがあります。ピリついた空気を乗り越えた先に大きなリターンが待っていることもありますが、失敗した場合のリスクが大きすぎるので使用には十分注意をお願いします。

ポイント **相槌は「すごい」「面白い」「変わってますね」を相手によって使いわける**

◇「嫌う」は「嫌われる」と同義語である

さあ、関係開始の会話術で最も伝えたかった、「4つの対人魅力要因」のうちの「**③前のめり感**」へ進んでいければと思います。私の経験則上、関係構築において「どんなに見た目を工夫しようが」、「コミュニケーションのスキルを身につけようが」、この「前のめり感」を理解していない人は全て付け焼き刃となってしまい無駄な努力と化していきます。なぜなら、人間はそんな小手先に騙されるほど馬鹿ではないからです。

改めて「前のめり感」とは、好意を持たれると相手に好意を持つことを言います。

つまり、相手に全く好意や尊敬の気持ちを抱いていないにもかかわらず、関係開始をしようとしても**結局のところ相手に伝わってしまい意味のない時間になってしまう**というわけです。

私も、何度も意味のない時間を過ごしたことがあります。

「この人、あんまり合わないかもな……」と直感的に感じたものの、「繋がっているとメリットがあるかも知れない」と下心を抱いてしまい、ついつい時間を取り関係開始をしようとしてしまうわけです。もちろん、その時間は終始、探り合いになり、変な空気で終わってしまいます。

このように**「メリット」だけを重視してしまうと時間の無駄に陥る**ことが多々ありますが、自分の直感を信じて行動すると無駄を排除できることが多くなっていきます。ぜひ、関係開始では自分の培ってきた直感を信じてみてください。

さらに、「前のめり感」について深くお伝えしたいのが、好意だけでなくネガティブな感情も伝播させてしまうという部分です。例えば、「この人、あんまり合わないかも……」と思った場合、相手も同じことを思っている可能性が高いですし、「気まずいな……」と思っているなら相手も思っているということです。

また、「相手を嫌う」ということは「相手から嫌われる」のと同義語になります。これを理解せず、悪口を周囲に言いふらしている人間もいますが、私から言わせると本当に無知の馬鹿だと思います。

自分では隠しているつもりでも、必ず、**相手にも嫌っていることが「仕草」や「表情」などで無意識に伝わってしまいます**。あくまでも「人を嫌い、悪口を言う」必要はなく「無関心で過ごす」で十分であるということです。

さて、ここからは「前のめり感」を獲得していくために、「相手に好意を示す」についてお伝えできればと思います。好意の示し方には、「感情を伝える」「行動で示す」の2つのノウハウがあります。

ポイント　あなたが相手を嫌っていることは、相手も知っている

◇あなたは相手をポジティブな感情にする言葉を知らない

図17◆ポジティブとネガティブの比率

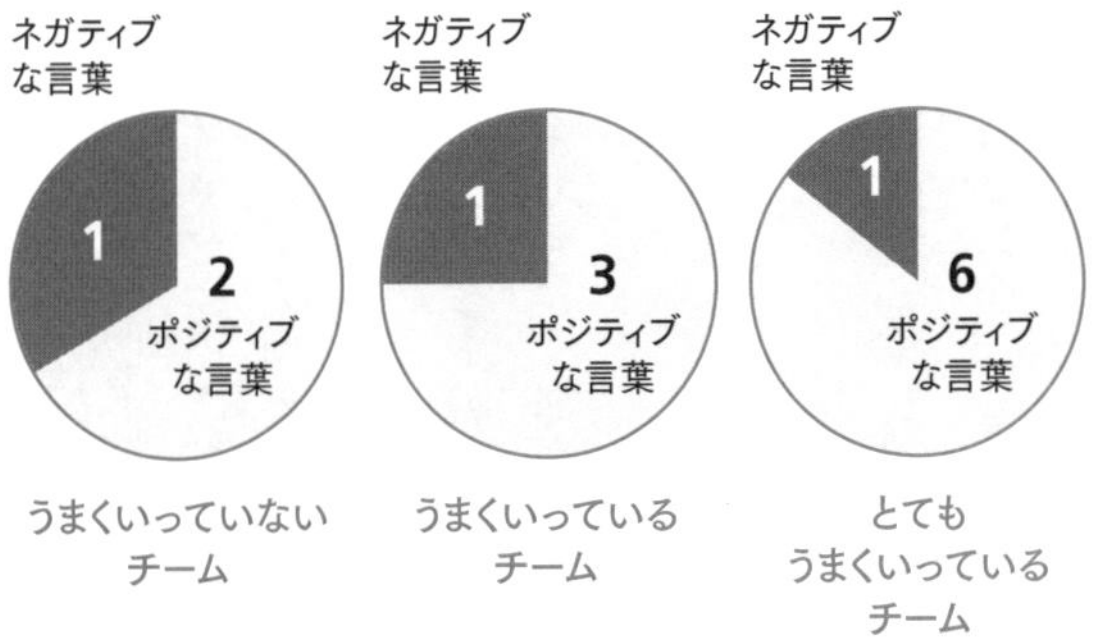

参考：ショーン・エイカー著、高橋由紀子訳
『幸福優位7つの法則』（徳間書店、2011年8月）

1つ目の「感情を伝える」についてです。これはサブリミナル効果を活用したノウハウでもお伝えした通り、ポジティブな感情を率直に相手に伝えることで発揮されます。

ある研究調査で分かったことは、うまくいっているチームは**「ポジティブな言葉：3」に対して、「ネガティブな言葉：1」**の比率だったそうです。ここで伝えている「うまくいっているチーム」とは、営業チームであれば、営業目標が達成されており、会社への愛着があり、離職率が少ないと定義できます。そして、とてもうまくいっているチームは**「ポジティブな言葉：6」に対して、「ネガティブな言葉：1」**で、ポジティブな言葉の比率が明らかに多かったそうです。

一方で、営業目標も達成されておらず離職率も高いうまくいっていないチームは「ポジティブな言葉：2」に対して、「ネガティブな言葉：1」だったそうです。

この結果から、ポジティブな言葉の比率が多いほど、チームの成果は高まることが分かります。

さて、ここから本題に入りますが、ポジティブな言葉がチームに良い影響を発揮することは言うまでもなく知っていることだと思います。そこで、改めて質問をします。


「あなたは、相手をモチベートするポジティブな言葉を何個知っていますか？」


率直にお伝えすると、あなたは相手をモチベートする言葉をほとんど知らないのではないでしょうか……。

実は、株式会社俺でお客様に提供しているワークの一つに「職場で活用されているモチベーションが上がる言葉を洗い出してください」というものがあります。

ほとんどの会社では、「いいね」「すごいね」「さすがだね」など、夜のお店でおじさま向けに多用されていそうな相槌は出るものの、「相手に伝える言葉」は、ほとんど出てきません。それだけ、普段の職場の中でポジティブな言葉を使う機会や、もしくは相手から使われる機会がないため、自分の中にストックが存在していないことが窺えます。

一方で、少し質問を変えてみると大量に洗い出されます。それが次の質問です。

「職場で活用されているモチベーションが下がる言葉を洗い出してください」

この質問をすると洗い出しているペンのインクが無くなるのではないかというほど、猛烈にペンが走ります。もうペンが走りすぎて、職場環境が本当に心配になる程です。

さらには、その洗い出されている言葉は、非常に具体的になっています。例をご紹介すると「使えないやつだな」「そんな提案いらないよ」「また同じミス？」「いつになったらできるようになるの？」など、こんな**心理的安全性の大切さが浸透し、さらにはパワハラに厳しいご時世でも多種多様な人を傷つける言葉が溢れ出てきます**。

改めて、あなたの職場で使われている「ポジティブな言葉」「ネガティブな言葉」は、どのような比率でしょうか。そして、あなたが職場の方と関わる中で、「相手をモチベートできた言葉」や「あなたが言われてモチベートされた言葉」を、ストックしていってください。

図18◆モチベーションが上がった言葉10選

1. ○○くんなら大丈夫！　必ずできる！
2. ○○くんは、○○に才能が明らかにある
3. 本音しか言わない中北が言っているから自信を持て
4. 株式会社俺の最高の社員です（お客様の前で褒める）
5. ○○が成長したね（ex.良い提案書だね、○○のセンスが良いね、○○できるのは凄い）
6. 僕は、○○くんを尊敬している部分があるからね
7. コンプレックスを良いところとして捉え直して伝えてくれる
   ex.人の感情が分からない→テレアポなどで蔑ろにされても隠さない
   ex.村人Aみたいに印象がない→印象がないが故に、人から警戒心を持たれにくい
8. もっとできるだろ！　もっといけるぞ！
9. ○○がいるから、今の会社がある。本当に、ありがとう
10. 何その面白そうな話。もっと聞かせて！

せっかくなので株式会社俺の社員に、私から言われてモチベーションが上がった言葉10選を聞いて図18にまとめましたので、ご覧ください。

ぜひ、図18を参考に、あなたのストックとしてご活用してもらえるとチームや職場のモチベーションが高まります。

人の悪口や会社の愚痴を職場で聞き続けているとストレスが溜まり、どれだけやりがいがある仕事でも嫌気が差してくるものです。結局のところ、ポジティブな言葉を使い、笑顔で接する人の周りに人は集まってくるものです。

ポイント モチベーションを上げるには褒め方よりも、褒め言葉をストックする

◇お勧めされた本を読むだけでは二流である

次は、「前のめり感」を獲得するための好意の示し方の2つ目でもある「行動で示す」についてです。やはり、いくら相手から好かれる発言を積み重ねようと、行動で示さなければ「口だけの人」となってしまうわけです。**「口だけ」と残念がられないためにも行動を起こす必要があります。**では、どのように「行動で示す」のかを具体的にお伝えできればと思います。

私が、コミュニケーション下手を乗り越えるためにトライ&エラーを繰り返し、そしてコミュニケーション強者であるお笑い芸人さんたちの行動を参考にし言語化した、とっておきのノウハウになります。

図19では、イメージが湧きやすいように、「相手の価値観」を引き出す質問を使ったあ

図19◆好意を「行動で示す」方法

- 三流は、お勧めの本を聞くだけ／買ったことを伝える
- 二流は、お勧めの本を読了した感想を伝える
- 一流は、お勧めの本の内容を実践し、変化を伝える

STEP 1		STEP 2		STEP 3		STEP 4
お勧めの本を聞く	▶	お勧めの本を買ったことを伝える	▶	お勧めの本を読了した感想を伝える	▶	お勧めの本の内容を実践し、変化を伝える

と「行動で示す」一連の行動を示しています。

ここでは、質問として一般的に耳馴染みのあるものを使用します。

「お勧めの書籍はなんですか？」

もちろん、質問の前の枕詞（前置き）として「社内でうまくコミュニケーションが取れません……」「営業で成果が出ず困っているんです……」「働きたくないのですが……」などの課題を伝えたうえで質問をしているとお考えください。

もしくは、課題を解決するためではなく、尊敬している人や憧れる人が**「どんな書籍を読んで、ここまで成長できたのか」**を知りたいと思う方は多いと思います。

さて、具体的に一流から三流の方々の行動

の違いをご覧ください。

・三流は、お勧めの書籍を聞くだけ。または、買ったことを伝える

この行動で止まっている方が一番多いのではないでしょうか。これでは、**「行動で示す」ことにはなりません**。なぜかというと、相手からすれば「勧めたから買った」という当たり前の行動だからです。

余談ですが、お勧めの書籍を聞くけれど「買わない人」も中にはいます。正直、買わないなら「口だけの人」という印象になってしまうので聞かない方がマシです。

・二流は、お勧めの書籍を読了した感想を伝える

この行動は、三流よりも数は少ないですが確実にいます。買ったことだけでなく、感想も伝えることで相手との接触頻度を増やし「同類感」を獲得しようという狙いです。

とはいえ、**この行動への反応は両極端になる**ことが多いです。具体的には、「嬉しく感じる人」と「そうですか……と無関心な人」に分かれることがあるため、万人にお勧めする行動ではありません。ちなみに私は自分がお勧めした本の感想を言われても「そうですか……」と無関心になってしまうタイプです。ただ、本書『神雑談力』を読了した感想で

あればいくらでも聞きたいので、どしどしご感想をAmazonの「カスタマーレビュー」に記載してください。

・一流は、お勧めの書籍の内容を実践し、変化を伝える

お気持ち分かりますよ。「本当にここまでやるの……」ということですよね。ここまで「やりすぎる」から価値があるわけです。お笑い的に言うのであれば、三流や二流のような中途半端な行動では笑えません。ただ、やりすぎるから笑いに変わるわけです。

例えば、大荷物を持ったお婆さんが道に迷っていたとしましょう。

中途半端な人であれば「大丈夫ですか？」と声をかけてお婆さんの目的地がどこにあるかを教えてあげる程度で終わります。

やりすぎる人であれば、お婆さんの目的地までおんぶして連れていき、その後も一日中おんぶして街を一緒に見て回ります。ここまでやりすぎると笑えてきます。好意を示すために**「行動で示す」ということは、やりすぎるぐらいでやっと伝わる**ものなのです。

さて、一つ注意点です。

実は、決して書籍を読み実践して、あなたが変化までする必要はありません。

変化を伝えるときに「変化していない」と伝えても良いわけです。株式会社俺の社員に書籍をお勧めしたとき「中北さんにお勧めされた書籍に書いてあることを実践したんですが、全く自分に向いてなかったのでやめました」と言われました。

　これを聞いて私は「変な本を勧めて申し訳なかったね」と笑ってしまいました。そして、その社員に合いそうな書籍を改めて勧めると共に、自分で読む書籍も「あの社員には合うかな？」と考えるようになりました。

　このように「行動で示す」ことをしながら、相手に「前のめり感」を示していってください。ただ、最後に紹介した一流が実践しているノウハウは、少しハードルが高く難しいと感じる方もいると思います。

　でも、難しいことだから得られるものも大きいわけです。**成功している人たちがいう簡単にできるノウハウで大きなリターンを得ているなんていう話はただの嘘です。**簡単なことだけを1回実践したところで得られるものなどたかが知れています。ぜひ、一歩ハードルを乗り越えて継続して実践してみてください。必ずあなたならうまくいきます。

ポイント　行動で示すプラスアルファが、信頼を生む

◇ 自己プロデュースとは、全く違う自分を演じることではない

ついに、ここまで来ました。「4つの対人魅力要因」のうち最後の**「④主人公感」**について深掘りしていきます。改めて「主人公感」とは何かというと学術的には「外見が整っているかどうか」となります。

これを聞いて私は、絶望しました。一つひとつ対人魅力の要因について学んできた最後が、外見が整っているかどうか……。163センチで一重の私に為す術なしと絶望したのを覚えています。ただ、絶望する必要はありません。**「魅力的に見せるための自己プロデュースをする」ことでデザインができるからです。**

さて、ここからは第1章で紹介した自己プロデュースの完結編として、自己プロデュースした像に対して、具体的にどのような「言動」を取ると良いのかまで深く解説していきます。

深く解説する前に、自己プロデュースと聞くと「全く違う自分を演じる」と認識してい

る方もいらっしゃるのではないでしょうか。それは、完全に誤解です。

自己プロデュースとは、強みの最大化です。

全く違う自分を演じたところで、必ず「言動」に綻びが出てきます。私の経験談でもありますが、「感覚派の人」が無理をして「ロジカルに見せたい」と思い演じても、メッキが剝がれてしまい「本当の自分」が顔を出し、偽っていることがバレてしまいます。

また、第1章で紹介した初頭効果の6〜7秒で「ロジカルな人」と相手に印象づけることができたとしても、6〜7秒以降の「言動」が伴っていなければ、馬鹿なのがバレるだけでなく、最初の「ロジカルな人」の印象がギャップとなり、著しく馬鹿に見えてしまうわけです。これは私のロジカル憧れが生んだ悲劇です……。

では、どのようなステップで自己プロデュースしていくのかをお伝えしていきます。ステップは非常にシンプルで2つになっています。

①相手に認識してもらいたい印象を決める

あくまでも**「強み」から探ることが重要**です。明石家さんまさんのような「喋ること」に強みを持った方が、「寡黙で真面目な人」という印象を与えようとしても無理があります。加えて、何よりも自分の「強み」が勿体ないです。

ちなみに、特に勿体ないのは、ロジカル憧れがビジネスの世界では蔓延しているが故に、せっかくの「人と接することが得意」という強みを活かさずに「ロジカルぶってしまう人」が意外と多くいます。私もその一人でした。

②印象を認識させるための言動を決める

①で印象を決めたとしても、言動までデザインしない限りは、周囲が認知することはできません。決めた印象を与えられるようにメラビアンの法則にある「視覚情報」「聴覚情報」「言語情報」の3つの情報を決めましょう。

ポイント **自己プロデュースは無理した瞬間に自壊する**

◇信頼できる営業になるな。面白い営業になれ

ここまで、具体的に自己プロデュースするための2つのステップは理解していただいた

と思います。では、どのような言動をすれば相手に「意図通りの印象」を与えることができるのかを、分かりやすく一覧化した図をもとに解説していきます。図20をご覧ください。

理解しやすくするために、私が営業としてお客様への初回訪問を精力的にしていたときの「印象」と「言動」を紹介していきます。こちらの図20の言動は、状況によって多少の変動はあろうかと思います。あくまでも参考としてご覧ください。

図20をご覧いただくと**「言動」では奇抜なことはしていない**ことが分かると思います。ただ、私の場合、一般的な営業の方と比べて変えていたところでいうと、初回訪問の場合は、前半と後半で与える印象を変えていました。

具体的にお伝えすると、初回訪問の前半では「信頼できそうな人」の印象を獲得するために話を進めていました。「信頼できそうな人」の印象が獲得できたら、後半に「面白そうな人」の印象を獲得するように行動を移行していました。なぜ、後半で「面白そうな人」の印象を獲得しにいくかというと**競合の営業と差別化する**ためです。

「信頼できそうな営業」は、いわゆるビジネス街の大手町や丸の内あたりには腐るほどい

図20◆印象を得るための行動

印象(強み)	行動
信頼できそうな人	視覚情報:スーツ(リクルートスーツではない)、紺色のネクタイ、白いシャツ、鞄(TUMI)※できるビジネスパーソンが持つ印象、メガネ、靴(ピカピカにしている) 聴覚情報:ハキハキと話す、相槌を大きく(はい、おっしゃる通りです)、相手の話す速度と同じ速度で話す(遅い人には遅く)、言い切る(言葉を言い切りで伝える)、熱意を持って伝える 言語情報:他社の事例(同じ業界・業種、大手)、業界のトレンド(ニュースを読み情報を収集)、不用意に笑いを取りにいかない
面白そうな人	視覚情報:メガネ(フレームが黒くて特徴的)、笑顔でニコニコ(相手の話、自分の話のどちらでも)、スーツ(リクルートスーツではない)、紺色のネクタイ、白いシャツ、相手の話で声を出し手を叩いて笑う 聴覚情報:ハキハキと話す、相槌を大きく(ええ〜!、すごい!)、テンポを速めに話をする(自分のトークのテンポにする) 言語情報:質問で引き出す、引き出した内容に対してツッコム、引き出した内容から自分のエピソードを話す、元お笑い芸人であることを話す、売れている先輩・後輩芸人の話をする、オチのある話をする

るわけです。腐るほどいるということは、「信頼できそうな人」という印象では、むしろ印象に残ることができません。**数多くの人ができることをできたところで抜きん出ることは不可能**です。

　自分で言うのはなんですが、あえて声を大にして言います……。

　元お笑い芸人の私ほど「面白い営業」はそうそう居ません。

　大手町や丸の内あたりの営業と比較された場合、印象に残りやすく「また話を聞いてみたいな」を獲得することが可能になるわけです。

つまり競合に勝つためには、「信頼できそうな人」という誰もが獲得しようとしている「印象」だけでなく、それ以外の「印象」を与えておくと有利にことが運ぶことが多々あるということです。

さて、ここで**社内の上司・先輩に「仕事ができそうな人」以外に与えた方が良い印象**を紹介しておきます。会社で働く過半数が、「仕事ができそうな人」という印象を狙いに行っており、この「印象」だけでは同僚との差別化が図れず、抜きん出ることができません。

そこで、もう一つ与えるならお勧めの印象を４つ紹介します。

① **「話しかけやすい人」**
② **「仕事の依頼を嫌な顔をせずうける人」**
③ **「まずは何でもやってみる人」**
④ **「この会社で出世がしたい人」**

私が、特にお勧めしたいのは、④**「この会社で出世がしたい人」**です。なぜかというと、数多くの会社様の支援をしている中での声や時代の流れ的にも「人材の流動化」が当たり前になってきた今だからこそ、**「長くこの会社に腰を据えて働きたい」という意思表示が**

稀有であり、「出世したい」などの主体性も評価を受けやすい傾向があります。また、上司も人間のため「こいつもどうせ辞めるんだろうな……」と感じながらでは、熱心に育成を行ったり、質の高い機会を渡し続けることができない可能性があるからです。
ぜひ、周囲の上司・先輩に④**「この会社で出世がしたい人」**と思ってもらえるために、「出世したい！」と宣言してみてくださいね。あなたへの周囲の関わり方も変化していくこと間違いなしです。

ポイント　野心も一つの信頼を得られる道具

◇今のあなたは雑魚に見えている

ここまで自己プロデュースの仕方について伝えてきました。自分ならではの「目的」を作り、相手に与えたい「印象」も決めた。そして印象を認識させるための「言動」もデザインできた。あとは、言動を繰り返すだけで洗練された自己プロデュース像に近づいていけると考えているのではないでしょうか。
念の為、そんなあなたに一つだけ伝えておくべきことがあります。

実は、**自己プロデュースというものは、1回設定して終わりではありません。**年齢や役職や価値観の変化によってブラッシュアップが必要になってきます。

では、株式会社俺が提供した研修の中で、実際にいた方の事例をもとに説明していきます。

Aさんは、新入社員の頃に自己プロデュースの手法を学び、真面目な性格もあり印象や言動を完璧に仕上げました。

具体的には、相手に与えたい「印象」として「元気があって話しかけやすい」に設定し、「言動」は「元気な声で返事・挨拶をする」「分からないことは質問する」と設定しました。

久しぶりにお会いしたAさんは、自分で設定した自己プロデュースを30歳まで完璧に繰り返し行い続け仕上げていました。しかし、**優秀なビジネスパーソン像には全く近づいていませんでした……**。

Aさんが、どうなっていたかというと……。30歳にもかかわらず、「フレッシュさ」が異常に残りすぎており、働いてきた「自信」や「年輪」が感じられず、相手から下に見られるようなビジネスパーソンになっていました。

もう少し言葉を選ばずに率直に伝えると「雑魚《ざこ》っぽい」という印象を相手に与えていま

図21◆年齢による自己プロデュース像の変化

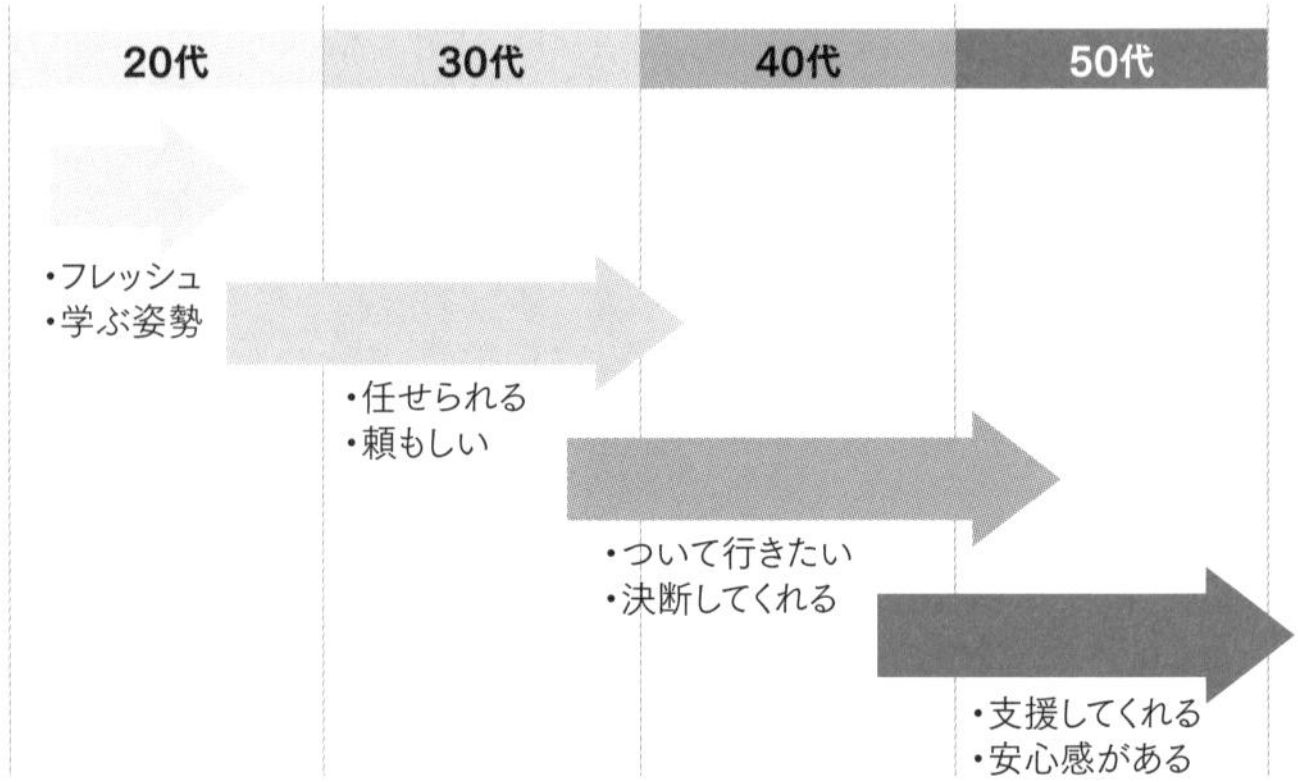

した。

こうならないように**年齢や役職や価値観の変化に合わせて、自己プロデュースを必ずブラッシュアップし続けてください。**社長だから「偉そう」にするという安直な発想では当然なく、最低限威厳を保つ行動が必要になってくるわけです。

ご参考までに、20代～50代の年齢によって自己プロデュースに、どのような変化が求められるのかを分かりやすく図21にまとめておきます。もちろん、これが正解というよりはあくまでも参考としてご認識ください。

当然、求められる役職によっても変化しますし、会社によっても40代で求められることが30代前半で求められることもあります。また、個人差も発生しますのでご了承ください。

さあ、意識的にブラッシュアップし続けないと、ある日「雑魚」と相手に思わせる人材になってしまう可能性があります。お気をつけて！

ポイント　自己プロデュースは磨かないと、年齢と共に古くなる

◇株式会社俺　代表取締役　中北の自己プロデュースとは？

さて、自己プロデュースの大切さを伝え続ける株式会社俺　中北はどのような自己プロデュースをしているのか。簡単に解説していきます。当然ですが、年齢とともにブラッシュアップしていく必要があるため、現時点での中北の自己プロデュースとして認識いただけますと幸いです。

中北の場合、相手にどのような印象を与えるかというと「元お笑い芸人」という印象が強すぎるが故に、何を伝えようと「元お笑い芸人」と認識されてしまいます。現時点で、お笑い芸人を辞めて12年が経っていますが、人の印象はそんなものです。

「元お笑い芸人」という印象に対して、相手が感じることとしては「面白いことをしてくれそう」や「本当にビジネスを知っているのか？」などの声が多くあります。

リスクヘッジとして「本当にビジネスを知っているのか？」を潰しに行くために、人前で話をする「講演・研修」や「営業シーン」などは「紺色のダブルのスーツ」に「白いシャツ」「紺色のネクタイ」を身につけるようにしています。

私の場合、営業シーンでいうと**「紺色のネクタイ」を「黄色のネクタイ」「赤色のネクタイ」に替えるだけで、受注率が20％下がる**ことが分析で分かっています。受注率が下がる仮説として、印象が「お笑い芸人らしすぎる」「うるさい」などに変わり、「本当にビジネスを知っているのか？」を払拭できていないためと考えています。

ただ、「紺色のダブルのスーツ」に「白いシャツ」「紺色のネクタイ」でお客様の所へ行くと「面白いことをしてくれそう」という期待に応じられず、残念がられる可能性があります。そのため、株式会社俺では、名刺のサイズをiPadと同じB5サイズの大きさにしています。

株式会社俺の社員も全てこの大きさの名刺を所有しています。ちなみに、通常サイズの名刺はありません。

大抵の場合、この名刺を渡すと相手の反応は4パターンになります。

①でか！

②名刺入れに入らない or 名刺システムに読み込めない

③大きいのでアドレスなどのところに切り取り線を入れたらどうですか？

④（自分の部下に伝えるように）うちの会社の名刺も同じサイズにしようか？

余談ですが、今まで数えきれないほど名刺を渡してきましたが、**この4つのパターン以**

外の反応をしたのは2名しかいません。

ポイント　名刺交換の場も、一つの自己プロデュース

◇超一流は準備力が違う

ちなみに、どのような反応をしたかというと、一人は、ある外資系コンサルティング企業の社長で、若くして著しいスピード出世をした方でした。その方は、**あらかじめ私の名刺と同じ大きさに自分の名刺を拡大コピーして名刺交換を行ってきました。**

自分の名刺を拡大コピーするアイディアのオリジナリティもさることながら、事前に私のことを調べ、Ｂ５サイズの名刺を渡されることをリサーチしていることに非常に感心させられました。若くして出世するのも頷けます。

もう一人は、元ＴＢＳアナウンサーの久米宏さんです。久米宏さんのラジオに生出演させていただいた時に前室で挨拶をしました。そこで、名刺を渡した際に久米宏さんは楽屋に響き渡る声で**「そう来たか！」**と叫びました。

私は「そう来たかって何……？」と一時停止してしまいましたが、すぐになぜその言葉

に至ったのかを理解しました。

第一線で活躍し続けることができた人は、挨拶ですら何となく挨拶するのではなく「何か来る……」を想定した上で、やり合う準備を行っているということです。やはり、一流は違いますね……。

さて、余談が長くなりましたが、4つのパターンの反応を相手から引き出しただけでは「元お笑い芸人」がビジネスシーンに来て「はしゃいでる」と思われるだけで終わってしまいます。そこで、さらに一言添えます。

「実は、この名刺はマーケティングの一環で大きくしています。株式会社俺では、お笑いの要素を使った事業を展開しているので、この名刺に反応していただけない方は、こちらからお断りさせていただいているんです」

このようにお客様に伝えると、第1章で紹介した「破滅思考」が働き「どんなリアクションをしてしまったのか……」「自分のリアクションは大丈夫だったか……」を考えて停止します。

そこで、「今、○○と反応してもらったので、今日は良い商談になりそうですね」と伝え、ニコッと微笑みを向けます。

すると、お客様も安心したように緊張の糸が解け、商談の場もスムーズに進めることができます。ちなみに、効果を数字的にお伝えすると株式会社俺の創業1期目には、この自己プロデュースがありませんでした。**創業2期目から自己プロデュースを作成して、売上が2・5倍に成長**をしています。それほど、自己プロデュースには効果があるということです。

ただ注意点として、株式会社俺ほどターゲットを明確にしてしまうと全く刺さらず、地獄のような気まずい空気になることもあります。

例えば、大きな名刺を渡して何の反応もなく「無言」で商談が始まり、私が「無言」に耐えきれず、私から「名刺デカイですよね」と話しかけたこともあります。

他にも、懇親会のような場面で名刺を渡すと大きいが故に「邪魔だな」という嫌な顔を見ることもあります。

さらには、飲みながらの初対面の席では、居酒屋のような場所で渡すとメニューを挟むところに名刺を挟んだまま忘れていく人もいたりします。

このような悲惨な目に遭遇することも多々あります。ただ、**ターゲットを絞っている分、そのような雑な扱いを受けた相手に無理して関係開始をする必要もない**ことがすぐに分かります。

また一般の会社員の方は、名刺のサイズを変えるのは難しいかもしれません。そういう場合は、手書きのメッセージを名刺に書き入れることをお勧めします。筆ペンで「よろしくお願いします！」「お会いできてうれしいです！」など、あなたらしいメッセージを書くだけでも印象に残るものになります。イメージは、スターバックスのカップに書いてある、あの素敵なメッセージです。

少しの工夫で普通の名刺交換よりも、頭ひとつ抜けられる名刺交換となります。是非試してみてください。

偏った自己プロデュースをすることは、当然嫌われるリスクがあります。しかし、自己プロデュースは人生において、必要でない人に無駄な時間を使うのを防ぐ、最高のスキルであると私は考えています。

ポイント **自己プロデュースは時間も節約できる**

第2章のまとめ

1 意味のない雑談は今すぐやめる。時間泥棒でしかない

2 人が人を好きになる要因は、「顔馴染み感」「同類感」「前のめり感」「主人公感」

3 自分から話すのが苦手な人は、ターゲットを絞った自己紹介をして、話しかけてもらう

4 笑いの構造とは「フリ」と「オチ」である

5 通勤の時間を話の間を学ぶ時間に変える

6 すごい人に可愛がられると、成長速度がいちだんと上がる

7 大声よりも、ボソッと言う方が相手の心に届く

8 相槌は「すごい」「面白い」「変わってますね」の3種類を使い分ける

9 モチベーションを上げるには、褒め方よりも、褒め言葉をストックする

10 自己プロデュースは時間も節約できる

第3章

集団の場のコミュニケーションを制する

第1章から第2章まで、少人数での関係開始の方法について解説してきました。

第3章では、**集団の場でどのように関係開始をしていくのか**について解説できればと思います。おそらく、本書を手に取っている方の中には、集団の場で「気まずい……」や「誰も喋り相手がいないな……」と一度は息苦しさを感じたことがある方も多いのではないでしょうか。

また、仕事ではあまり成果を出せていないにもかかわらず、なぜか飲み会などの場だけ声が大きい人やパワハラ・セクハラまがいの関わり方をしてくる人など、もはやモンスターのような方々が、あちらこちらで姿を現します。私は、このような**多種多様なモンスターが現れる飲み会のことを「モンスターハウス」と呼んでいます。**

さて、そんなモンスターハウスと化してしまう可能性がある集団の場とは、どのような場でしょうか……。

①新入社員として入社した時や異動時にある会
②飲み会（チーム全体での飲みの場・納会のような場）
③転職した会社での歓迎会

④異業種の交流会
⑤お客様の接待
⑥初めて入った、常連がいるタイプの居酒屋

など、否が応でも集団で過ごさざるをえない場のことを言います。もしくは、「歳や役職が上」というだけの人が率いている目的のない集団とも言います。

①～⑥をご覧いただくと分かるように**「お酒」があり「調子に乗るおじさんの数が多い」とモンスターハウス化しやすい**のが窺えます。

このような集団は、幼少期から「自己中心的」と揶《や》揄《ゆ》されてきたうえ、人見知りも相まった私にとっては厳しい場となってしまうことが多々ありました。

ちなみに私が、特に苦手で何の意味もない集団の場と思っているのは、**「④異業種の交流会」**です。終始、話をする相手がおらず、息苦しくて一生参加しないと決めたのを覚えています。この場での自己紹介は「一部上場企業の社員で……」「社員数は……」「営業のマネージャーを……」など、会社名や肩書きをひけらかすことが多いです。

このような自己紹介を聞くたびに「……で、お前はだれ？」という気持ちになります。

息苦しさを集団の場で感じるのは、**実は「少人数で関係開始する」よりも「集団の場で関係開始する」方が、難易度が高い**ことからきています。それはなぜかというと、理由が2つあります。

1つ目は、多様な参加目的が混在しているからです。

2つ目は、人は集団になればなるほど相手の話を聞いていないからです。

この2つをまずは理解するだけでも、集団の場の息苦しさが間違いなく軽減されていきます。そして、理解を深めることで集団の場にしばしば現れるモンスターを狩り、多くの人が楽しめる場を作ることができるようになっていきます。

ポイント　少人数より、集団の場で関係開始する方が難しい

◇目的が多様なために盛り上がらない場がある

さて、まずは1つ目の「多様な目的が混在している」について、具体的にイメージが湧きやすいように「②飲み会（社内）」を例として解説していきます。

飲み会では、参加者たちはどのような目的で参加しているのでしょうか……。あなた自身も参加するならどの目的かを考えながらご覧いただくとイメージがより湧くと思います。

- **Aさん**：管理職としてメンバーとの関係構築のために
- **Bさん**：社内で新しい人脈を作るために
- **Cさん**：会社のお金で飲む・息抜きのために
- **Dさん**：目的もなく何となくこの場にいる
- **Eさん**：参加しろと言われたから参加している

もちろんこれが全てではありませんが、このように様々な目的が混在しています。

では、**なぜ目的が混在した人同士で、会話が盛り上がらないのか**を簡単に時系列で解説していきます。たまたま「**Bさん・Dさん・Eさん**」という別々の目的を持った3人が同じテーブルに着いたとしましょう。

Bさんは、「新しい人脈が欲しい」という目的があるため、DさんやEさんと関係構築を試みます。関係開始に必要な「笑顔」や「質問」などを駆使しながら普段の業務のことやプライベートなことも含めて徐々に聞いていくでしょう。

ただ、**Dさん**や**Eさん**は、特に「人脈を広げたい」という目的はないため、うまく話が盛り上がらず無言の時間が15分もすれば訪れます。残りの小一時間は、3人で目の前にある唐揚げをただ食べるだけの時間になるわけです。

つまり、当たり前ですが、**話す気がない人が参加している時点で、「②飲み会（社内）」は場を活性化し社員同士の親睦を深めることは不可能に近い**です。これは、私自身が社会人時代、離職防止のための中北軍団（※）という組織を作っていたことからも明らかですし、現在の職業がら企業様向けに数多く研修などを提供していて窺える背景からも間違いないと考えています。

※中北軍団とは……著者が、社会人時代に離職防止のために若手社員と中途社員のために組織していたチームのことを指します。詳細は本章の後半でお伝えします。

ただ、この問題は主催者の少しの工夫で簡単に解決することができます。

つまり、社員同士に関係構築を促進してもらうためには、主催者が「何のための会なのか？」「何について話をしてほしいのか？」を明確に提示し、参加目的を統一する必要があるわけです。

目的を提示し統一することで、昨今よく耳にする若手社員の**「飲み会が面白くない」「参加する意味が分からない」などの声を防止する**ことも可能になってきます。もしくは、参加目的の統一が難しい場合は、「誰が」「何の目的で」参加しているかを明らかにし、席などを工夫する必要があります。

もちろん、堅苦しい目的をベラベラと喋る必要はないですが、「親睦を深めるために」「互いの頑張りを労うために」などの意図を提示することで、「今期はどうだった？」など、目的をもとに飲み会での雑談のテーマとしても参加者は使いやすくなるメリットもあります。

また、主催者が目的を明示せず「**Bさん・Dさん・Eさん**」のように唐揚げをただ食べるだけの会になってしまいそうであれば、**Bさん**は目的達成のためにその場を駆け足で去ることをお勧めします。そして、目的が一致しそうな席に移ってください。あなたにとって必要のない人に時間を割く意味はありません。

リスクとして、**D**さんや**E**さんから「失礼な奴だな……と思われるかもしれない」と考えるかもしれませんが、目的もなく飲み会に参加する人は、大して人に興味がないことが多くリスクは限りなく0に近いと思います。安心してください。

ポイント　乾杯の前に、目的をさりげなく話すと会は一つの方向に向かう

◇人は、人の話を大して聞いていない

次に、2つ目の**「人は集団になればなるほど相手の話を聞いていない」**について解説していきます。

解説の前に、一つ質問をさせてください。

「あなたは、学生時代の校長先生の話で覚えていることはありますか？」

言葉を選ばずに言うと、覚えている人は誰もいないのではないでしょうか……。もし覚えているとしても、校長先生の話の途中に犬が校庭に入ってきたなどの弱めのハプニングでしかないと思います。

万が一、話の内容を覚えている方がいるとしたら、あなたの記憶力が素晴らしいというよりは、校長先生に天才的な伝える才能があったに違いありません。

ちなみに私の通っていた小学校・中学校・高校には、そもそも校長先生が居なかったのではないか……と疑ってしまうほど何の記憶もありません。

一方で、「あなたは、学生時代の担任教師の話で覚えていることはありますか？」と質問を変えると、覚えている人も多くなってくると思います。集団の場が小規模になり、また、担任教師の人となりも理解していることもあり、**「あなたに」対して話していると認識できるため記憶に残りやすくなって**います。

私は職業柄、講演会や研修など集団に対して話を伝えることが数多くあります。例えば、2時間程度の講演会で参加人数が30名程度であれば、アンケートには講演内容についてのコメントが多く見受けられます。一方で、参加者が２００名以上となると必ずと言っていいほど、講演内容ではなく、全く関係ない容姿に対するコメントが入ってきます。

例えば、「メガネが黒縁」「身長が小さかった」「ネクタイを赤にした方が良いと思う」など、「2時間、何を聞いてたの？」と思ってしまう異物のようなコメントが混入しています。

このように、大人数になればなるほど、集団の場で関係開始をしようとしても、相手の話をあまり聞いておらず、第1章でも紹介したメラビアンの法則にもあるように「視覚情報：見た目」だけで判断をしてしまっていることが顕著に窺えます。

さて、改めて「少人数で関係開始する」よりも「集団の場で関係開始する」が難しい中で、どのように関係開始をしていくのが良いのでしょうか……。

実は、お笑いのスキルには集団の場で最も効果を発揮するものがあります。それは、**「イジる技術」**と**「返しの技術」**というスキルになります。「イジる」に関しては、耳にされたことがある方も多いのではないでしょうか。

バラエティ番組でMCの方が、ひな壇に座るお笑い芸人の方に使用しているスキルをイメージすると良いかと思います。逆に「返しの技術」は、ひな壇に座るお笑い芸人の方々がMCからイジられた際に使うスキルをイメージしていただけると良いかと思います。

ちなみに、「イジる技術」には、レベル5までスキルが存在しています。レベル5は、獲得すると自分の印象を操作するだけでなく、**他人の印象も操作することが可能になる超絶スキル**です。このスキルについては、別の機会があればお話しできればと思います。

さて、ここからは具体的に、自分だけではなく、集団の場そのものの心理的安全性が高まり、関係開始がしやすい場になるためにはどうすればいいのかを解説していきます。

ポイント　人が多い場では、イジる・イジられるのスキルが有効

◇あなたが選択できる役割は4つある

分かりやすくあなたを2年目の若手社員だとしましょう。社内の飲み会には20名ほどのチームメンバーが集まっており、数名の方とはプライベートで飲みに行く関係ではあるが、チームメンバー全員とはプライベートの関係までには至っておらず、あいさつ程度しかしたことがない。つまり**「チームメンバー全員と関係開始できているわけではない」**という状態としましょう。

このような状況の中で、どのように関係開始していくかというと、あなたが選択できる役割は４つあります。

①イジる役：ポジティブな言葉で質問や話をふり、場を活性化させる
②イジられる役（返し）：周囲からの質問やフリに対して言動から場を活性化させる
③がむしゃらに食事をする役：ただがむしゃらに食べる
④個別でじっくり話す役：大人数で話しにくい、熱い話や悩みなどを個別で話をする

大抵の飲み会は、この４つの役割を担った人たちで構成されています。加えて、20名という人数であれば、ところどころで①〜④を担っている小チームのようなものが編成され飲食店やイベント会場に散見されている状態となります。

このようなアメーバのような不規則な集団が、飲み会で何か一つの話題に集中して話を聞くのは、「乾杯」という掛け声の時くらいのものでしょう。

ちなみに、①〜④以外の役割として、グラスが空いたら注ぐなどの気遣いができる役割

の方も一般的にはいますが、私の書籍では割愛させていただきます。

なぜ割愛するかというと余談になりますが、私が関わっていたお笑い芸人の先輩方は、後輩にお酒を注ぐことを強要する人は居ませんでした。むしろ、お酒を注ごうとすると先輩から怒られたことを覚えています。

「そんなことをするために、お笑い芸人になったのか？　面白いことするためだろ？」と諭されたことを今でも覚えています。

そんな素敵なお笑い芸人の先輩方から学んだこともあり、私が後輩や部下にお酒を注がせることはありません。むしろ、私が部下にお酒を注いだり「次なに飲む？」と聞いて回っています。その方が、私の価値観としては素敵な上司だと考えています。

ちなみに私の経験上、会社の中で**イマイチな上司・先輩と認識されている人ほど、「酒を注ぐ」を強要したり、「説教をする」などの相手から嫌われる行為を、両腕を振り回し張り切ってしてしまいがち**です。詳しくは、本章の後半に、飲み会や職場に出没するモンスターとして、まとめてご紹介させていただきます。

さて、ここから①～④の役割や必要なスキルについて解説していきます。この説明を聞きながら自分が担いたい役割をイメージして行ってください。まずは、説明がすぐ終わるので③と④から行っていきます。

ポイント　集団の場の4つの役割を知っておく

◇たくさん食べる人には、実は多くの需要がある

「**③がむしゃらに食事をする役**」と聞くと、「そんな役割が果たして必要か？」と疑問に思う方もいると思います。

一見、飲み会に必要のない役割に見えますが、テレビやYouTubeでも「大食いをする番組」や「大食い系YouTuber」というジャンルがあるように、**人がたくさん食べることに嬉しさや快感を覚える層が必ず存在しています。**

あなたも、すぐ顔が浮かぶほどイメージが湧くと思うのですが……、「若手はたくさん食べるものである」や「普段は、栄養があるものをあまり食べられていない」という濃い

めのバイアスに掛かっている「おじさん」を会社で一人はご存知のはずです。

このような通称「たくさん食べておじさん」は、なぜか飲み会に必ずと言っていいほど2名以上います。ちなみに、私もその一人です。

その「たくさん食べておじさん」たちは、「腹減ってるやろ?」と言いながら「たくさん食べて!」とテーブルにある残り物を③の役割を担っている人の前に集めてきます。そして、たくさん食べると満足そうに、良いことをしたという顔をし、気持ち良さそうにお酒を飲みます。

このような「たくさん食べておじさん」たちの需要に応えることで、おじさんと関係開始がしやすくなるだけでなく、おじさんの周囲の方々からも「よく食べるね」や「何かスポーツやってた?」と**相手から関係開始をする質問を受けることができます**。

ぜひ、お喋りより胃袋に自信がある方は、この役割を担うと喋らず食べるという行為で関係開始ができること間違いなしです。

ポイント　ただ食べるだけでもコミュニケーションを生み出せる

◇飲み会が苦手な人は個別に切り替える

「④個別でじっくり話す役」と聞いて、飲み会という多くの方がいる中で「そんな役割を担って良いのか？」という疑問を抱く方もいるのではないでしょうか。

結論、大丈夫です。

なぜかというと社内で開催される飲み会の大半の目的は、「社員同士の親睦を深める」と設定されていることが多く、個別でじっくり話す機会として活用しても問題がありません。

また、飲み会でバラエティ番組のMCのように、場をコントロールしながら、参加者全員に発言のチャンスを渡し活性化させ続けることができる「イジる技術」を持っている人は、お笑い芸人以外では見たことがありません。

つまり、**集団で無理に会話に入ろうとしても話す順番が回ってくることはほぼなく、個別で話をしていたとしても何の問題もない**ということです。

むしろ、集団の場が苦手な方は、一度話がしたかった「チームメンバー・先輩・上司」

を誘い出し、会場の端っこで関係開始をするほうが得策だと言えます。ただ、この役割を担うためには気をつけないといけない人がいます。

それは、集団の場で「話をしていないと仲間に入れていない」と解釈する「おじさん」です。個別で話をしていると「こっちへ来るか？」や「こっちで話すか？」などの声をかけてきます。

この通称「こっちへ来るかおじさん」は、善意の人ではあるもののお節介が故に、余計なお世話と捉えられてしまう可哀想なおじさんです。

個別で「仕事への思い」や「プライベートな話題」で盛り上がってきているにもかかわらず「こっちへ来るかおじさん」は、「こっちでみんなと話しようや」と大声で話しかけてきます。

「こっちへ来るかおじさん」は、善意に満ちた瞳でこちらを見つめながら話しかけてくるので断りにくさが尋常ではありません。いざ断ると「こっちへ来るかおじさん」は、「あいつ、話したくないのか……」と不要な心配を職場へ持ち帰ります。

不要な心配を持ち帰らせないためにも、**「こっちも盛り上がってます！」と一言添えて、**

断るように心がけるようにしましょう。「こっちへ来るかおじさん」の善意に満ちた瞳を邪険にしてはいけません。ただ、空気を読むのが人より苦手なだけなのです。

ポイント　飲み会だからと、輪になって話す必要はない

◇「イジる」ときはポジティブな言葉で行う

さて、ここまでは比較的に簡単に担える役でもある③と④を説明してきました。では、ここからは改めて「**①イジる役**」と「**②イジられる役（返し）**」について解説していきます。このイジる役というのを理解するためには、お笑い芸人が活用している「イジる技術」を理解する必要があります。

ちなみに、お笑い芸人以外の方でも「自分はイジるのが得意」と思われている方もいるのではないでしょうか。

今まで数多くの「**自称イジるのが得意**」な方にお会いしてきました。その方々の多くは、「自分は、メンバーをイジって盛り上げている」「あいつは、そうでもしないとキャラがない」などの主張をしていることがあります。

率直に伝えると、**笑いが生まれるどころか「イジられる役」を傷つけているだけ**です。

特に「自分はイジるのが得意」と自負している人ほど、相手への配慮がなく「パワハラ」「セクハラ」などのヒドイ結果へと繋がっていることが多いです。誰も得していないので直ちにやめましょう。

さて、「自称イジるのが得意」な方も、今から「イジる技術」を覚えていきたい方も、どのようにすれば「イジる技術」を活用して、心理的安全性を生み出し、関係開始がしやすい、楽しいと思える場を作れるのでしょうか。

まずは、そもそも「イジる」とは、どのような行為のことを言うのかについて解説していければと思います。

例えば、Aさんが仕事で失敗したとしましょう。すると先輩や上司の「イジる役」の人が、「Aさんが、また失敗したよ。仕事できないな～」とAさんを馬鹿にするとしましょう。すると当然ですが、Aさんは傷つきます。それだけではなく絶対に忘れてはいけないのが、第2章でも伝えた通り、**ネガティブな言葉を周囲が聞くことによってチーム全体の関係性も劣悪になり、パフォーマンス自体も低下**してしまいます。

図22◆「イジる」とは

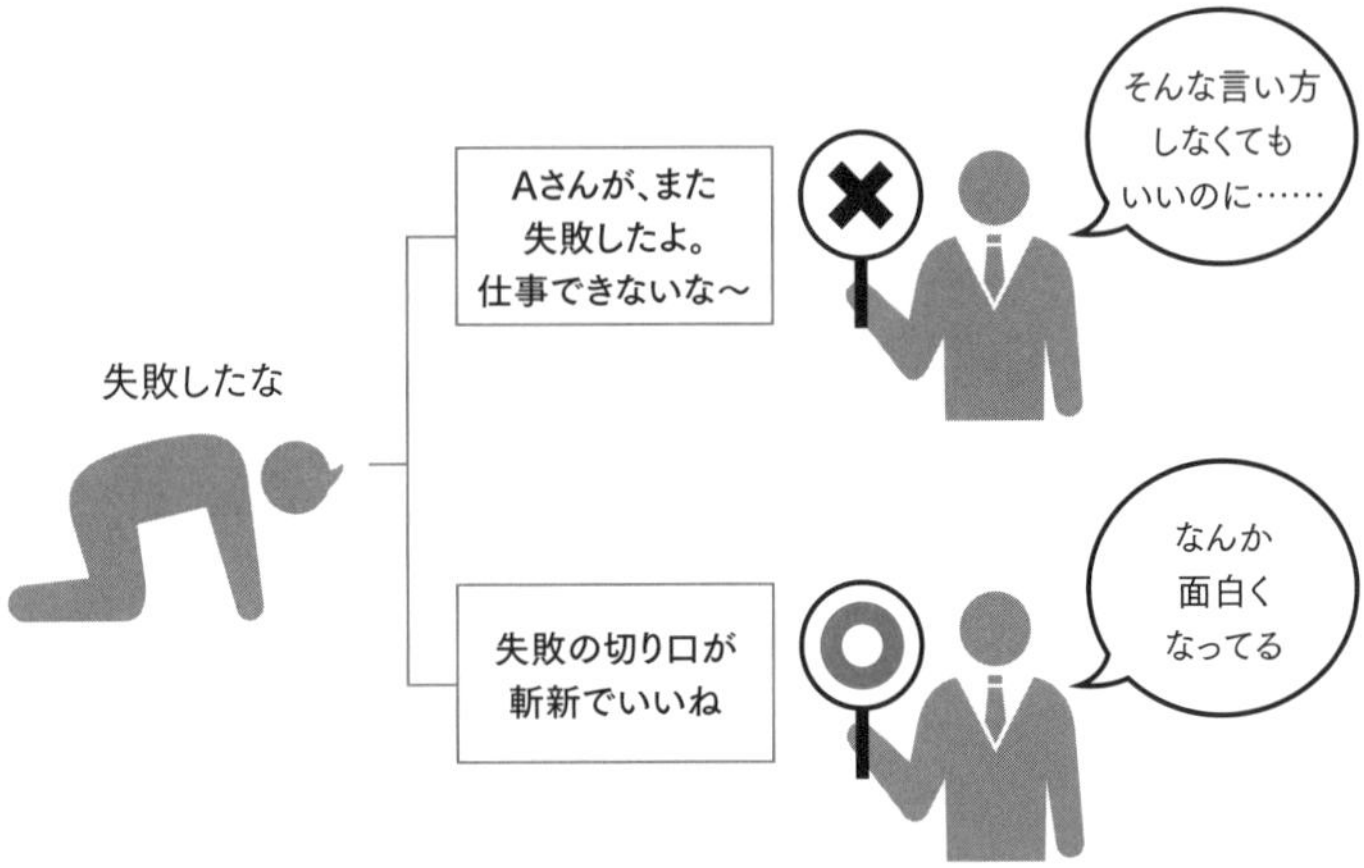

一方で、Aさんが仕事で失敗したことに、先輩や上司の「イジる役」の人が、「失敗の切り口が斬新でいいね」とポジティブな言葉を使うことにより、Aさん本人だけでなくチーム全体の関係性も高まっていきます。また、**失敗を咎められない風土になるため、心理的安全性の高いチャレンジできる環境へと変化していく**ことができます。

なぜ、相手を馬鹿にするような行為を「イジる」と認識している方が多いのでしょうか。それは、テレビ番組などでMCの方がひな壇に座るお笑い芸人の方を「小馬鹿にする」ことや「下げる」ことで笑いを生み出していることを表面的に理解し実施しているからです。

ポイント 9割の人のイジリは「パワハラ」

◇ 一般的な「イジる」とお笑い芸人が活用している「イジる」は目的が違う

では、具体的に一般的に使用されている「イジる」とお笑い芸人が使用している「イジる」の違いについて解説していきます。

一般の方が「イジる」を使う場合は、**「自分の力を誇示するため」**や**「相手を馬鹿にするために」**に使用されることが多く、「イジる」を使用している方のマウント行為になっていることが大半です。そのため、使用された側は配慮に欠く言動に傷つくわけです。

一方で、お笑い芸人の使用している「イジる」は、**「相手に敬意を持ち、相手を好きだから笑いに変えるため」**に行っています。なぜ、このようなことが言えるかというと、例えば嫌いなお笑い芸人が同じ番組に出ていたとしましょう。嫌いだから相手をイジり、嫌

図23◆一般的な「イジる」とお笑い芸人が活用する「イジる」の違い

一般的な「イジる」

master1305／PIXTA

自分の力を誇示するための愛のない言動。自分以外を馬鹿にしているマウント行為

お笑い芸人の「イジる」

マハロ／PIXTA

相手に敬意を持ち好きだから行う行為のこと。全ては「笑い」にするために行っている

いな相手が笑いに変わってしまっては出番が増えてしまいます。これでは、嫌いにもかかわらず売れるアシストをしているようなものです。では、どうするかと言うと、**嫌いな相手はイジることはせず無視する**わけです。

また、「イジられる側」のひな壇に座るお笑い芸人の方々は、MCの方に対して憧れがあることが多いです。例えば、ダウンタウンの浜田雅功さんにツッコまれ頭を叩かれたら、お笑い芸人たちは皆が喜ぶように、何を言われようが嬉しく感じるという関係構築が既にある状態だということです。

つまり、一般の方の「イジる」とお笑い芸人が活用している「イジる」では、技術以前に目的が違い、さらには何を言われようとも、何をされようとも喜べる関係構築が既にあるということを理解する必要があるわけです。

この目的の違いや関係構築の違いを理解したうえで、どうすれば「イジる役」は、飲み会を心理的安全性の高く、関係開始をしやすい空気にしていけるのでしょうか。具体的なスキルについて説明していければと思います。

ポイント テレビの中のイジりを参考にしてはいけない

◇リスクを減らしポジティブな言葉に変換する

前提として、職場などで「イジる役」を担うのは、役職や年齢が上の方で、部下や立場が弱い人に対して行うことが多いです。そのため、ネガティブな言葉を使ってしまうなど、「イジる」には、パワハラなどの大きなリスクを伴います。

「いや、自分は普段から関係構築ができているので……」という方もいると思います。ただ、いくら関係構築ができていたとしても、相手の状況がたまたま「恋人と別れてしまった直後だったら……」「体調不良で精神的にも弱っていたら……」「別の人間から破壊的なフィードバックを受けていたら……」など、**私生活や職場の中で起こる出来事によって弱**

っていて、傷ついてしまうリスクはいくらでも存在しています。

さらには、そのリスクを負ってのリターンとなる「笑い」という現象は、時代の流れとしても「人を下げる笑い」では得るのは難しくなってきています。

こんな状況の中で「人を下げる笑い」を、あなたはやる意味があると思いますか？

私は、**撲滅した方が合理的に考えて組織のため**であると思います。

その中で、リスクを減らし相手を傷つけることなく、関係開始がしやすい楽しい場を作るためには、ポジティブな言葉を活用した新たな「イジる技術」を身につける必要があるということです。

笑いを取る手法の中には、「笑いのメカニズム」という根本的なもの以外にも、様々な手法が存在しています。

例えば、どのような手法があるのかを簡単に3つほど紹介していきます。もちろん、この他にも笑いが取れる手法は数多く存在していますが、職場で使えるものを厳選して紹介します。

①「自虐：自分を卑下する」

この自虐という手法は、職場でも日常的に使われているところをよく目にします。上司などの立場の方が自虐をすると、「笑っていいのか？」という空気となり、愛想笑いになる場合が大半です。ただ、自虐の内容によっては緊張感がほぐれ接しやすい上司の印象を与えることができるため、ビジネスの場でも有効です。

②「天丼：笑いが取れたことを繰り返し使う」

この天丼という手法は、気づかずに使用されている方も多いのではないでしょうか。漫才やコントなどで、笑いが取れた単語などを別のタイミングで言うことで、再度笑いを取る手法のことを言います。飲み会などで自分の発言だけでなく、相手が発言したことで笑いが生まれた単語を覚えておき、拝借して使うことで笑いを取ることができます。職場でも非常に有効です。

③「スカし：来ると思っている逆のことを言う」

実は、この「スカし」という笑いの手法がポジティブな言葉でも笑いに変わるメカニズムになっています。なぜ笑いに変わるかというと、例えば誰かがスベってしまった場合、「スベったな」と相手を下げることで笑いに変える文化が今まではありました。笑いのメカニズムのおさらいとして、本来の「スベったな」と言うことが「フリ」になるわけです。

そこで、**「スベった」ではなく、「今のは１００点だったね」と真逆のポジティブなことを伝える**ことで笑いが生まれます。

このように①〜③を使いながら飲み会の場で、参加している人たちをイジっていくことで、場が活性化され関係開始をしやすい空気を生み出すことができます。これだけの説明では使いにくい人もいると思いますので、人を傷つけないイジる単語の例を図24として掲載しておきます。

図24では、「よくあるシーン」で使われている「ＮＧ例」に対して、どのように変換すると関係開始がしやすい空気になるのかを「Ｇｏｏｄ例」として記載してあります。

「イジる技術」の特徴としては、誰かに発言を促し、その発言に対して行う技術のため、「イジる側」には、スベるなどのリスクが少ない特徴があります。一方で、繰り返しではありますが、人を傷つけてしまうリスクを孕んでいるため取扱注意でとなります。

図24◆人を傷つけない“イジリ”用語早見表

よくあるシーン	NG例	Good例
声が小さい人	・声小さいよ ・聞こえないよ	・声が薄いよ ・声が細いよ
声が大きい人	・声がでかい ・うるさい	・ここに居るから大丈夫だよ ・アリーナの2階席に話しかけてる?
発言が何を言っているか分からない人	・何言ってるか分からないよ ・意味が分からない	・後半モザイクかかってました? ・トンチか何かの話をしてます?
話が長い人	・話が長いよ ・もういいよ、その話	・どうしたの? 過去に辛いことあったの? ・(最初の単語だけ覚えて)〇〇までしか聞き取れなかったよ
スベってしまった人	・スベってるやん ・今のは面白くないよ	・時代が時代なら爆笑だったな ・俺は爆笑だったけどな ・大丈夫。俺だけは味方やからな
飲みの席でしゃべらない人	・なんで来たの? ・なんで喋らないの?	・大丈夫? 息してる? ・ごめんね。俺がいるから喋りづらい?

飲み会だけでなく日常業務でも使いやすいものを2つ選択して、ご紹介していきます。

・発言が何を言っているか分からない人→後半モザイクかかってました?

飲み会や日常業務の中でも、相手の話す内容が「結局、何を言いたかったか分からない」という経験をされたことがあるのではないでしょうか。

そんな場合、「ちょっと、何を言っているか分からない」など、お笑い芸人のサンドウィッチマンさんのような言葉を相手に伝える人も多くいると思います。ただ、お笑い芸人同士ではない関係で、**「ちょっと、何を言っているか分からない」と言われるとキツく聞こえてしまいます。**

　そこで、少し柔らかく聞こえるような単語で伝えると、相手も受け入れやすく、再度話し始める際も落ち着いて話を組み立てなおせます。

・スベってしまった人↓時代が時代なら爆笑だったな

「イジる側」が話をふったりせずとも、ボケたがり・前に出たがりの人間もいるわけです。そういう人の分かりやすい定型セリフは「大学生の頃、M－1の予選に出てました」などで、自己主張があり、エントリーをしただけで出られるものを、さも実力派のように伝えてくる傾向があります。

　そういう方の特徴として、かかり過ぎて（※）スベりそうな「間」と「テンポ」で話し始め、オチを盛り過ぎていて笑いづらいトークを展開してきます。

※かかるとは……お笑い用語で、気合が入り過ぎて、周囲との温度差があり空回りすることを意味します。

　そんな人たちの「主体性」、そして「勇気」をむげにしないために、せめて自分だけは「相槌を打ち」「笑顔」で、笑い声を上げて、スベっている空気を一切なかったことにしてあげてください。すると、勇気あるトークを展開した方から「この前は、助かりました……」と若手お笑い芸人のライブシーンの一コマのような会話をすることができるかと思います。

もちろん、この図24に書いてあることが正解というわけではなく、重要なのは自分の中で笑いが取れた言葉や相手をモチベートできた言葉、場が活性化された言葉をストックしていくことです。そして、ストックした言葉を飲み会や職場で、引き出しから取り出し使用してみてください。すると、あなたの周囲には、自然と人が集まってくるようになります。

なぜ人が集まってくるようになるのかというと、「イジる技術」の本来の意味が起因しているからです。それは、志村けんさんの言葉で説明ができます。

志村けんさん曰く、

「お笑いって基本的にあったかいものだと思うんですよね」

私も、心からそう思います。人を笑顔にしようと考え行動する行為が、あったかいもので、優しいものでないはずがありません。そんなあったかい場には、人が集まってきて当然だと思っています。

ぜひ、**間違った認識の「イヤミ」や「イジメ」につながるような行為を書き換えてください**。そして、本来の「イジる技術」を活用して心理的安全性が高く、心あたたまる飲み会を作っていきましょう。そうすれば飲み会は、必ず楽しく生まれ変わります。

ポイント　本当の「イジリ」は心理的安全性を高める

◇「イジられる」には才能が必要である

さて、最後に**「②イジられる役（返し）」**について解説していきます。なぜ、**「②イジられる役（返し）」**を最後にしたかというと、この役割については「技術」よりも「才能」が必要なためです。

余談ではありますが、今では数々の番組にＭＣとして出演されている有吉弘行さんですが、実は「『イジられる役』になりたかった。上島竜兵さんのように自分も『イジられる人』になりたいと思い、活動をしていたけれど自分には向いていなかった」と話されていました。

この話をするとほとんどの方が、「なぜ、イジられる役になりたいんだろう……」と疑問に思うと思います。講演会などでも「あなたは『イジる役』と『イジられる役』どちらになりたいですか？」と質問をすると、ほとんどの方が「イジる役」と答えるのが現実です。

実は、飲み会やお客様とのやり取りなど、**ビジネスシーンの関係開始では、圧倒的に「イジられる役」の方がメリットが多く存在**しています。あなたの周りで「イジられやすい人」をイメージしてみてください。必ず「羨ましい……」と思えるはずです。

具体的に、どのようなメリットがあるかというと……、

①相手を緊張させない
②相手から話しかけやすい
③警戒されないため本音を聞き出しやすい
④舐められやすいこともあり、関係開始しなくても良い相手をすぐに見極められる

など、自分から関係開始を無理にしなくても、相手から関係開始となる質問などを行っ

てくることが多々あります。また、相手から舐められやすい傾向もあるため、関わらなくて良い相手を瞬時に見極めることもできます。

加えて、相手の「イジる」という発言に対して回答しているため、**「相手を傷つける」や「関係性に悪影響を与える」ことがなく、「イジる役」とは違い不利益を負うことが、ほとんどありません**。

たまに、不利益を負う時といえば「自称イジるのが得意」の心無い人間が、「面白くない」などの印象を周囲に与える場合がありますが、気にすることはありません。「自称イジるのが得意」な人は、勝手に周囲から嫌われていくのでほうっておきましょう。

では、ここから「イジられる役」が持っておいた方がよい「返しの技術」についてお話しできればと思います。前段部で伝えた通り、「イジられる役」を全うしていくためには才能が必要になります。

例えばどのような才能が必要になるかというと「イジられやすいキャラクター」となります。具体的には、イジられやすい「見た目」「雰囲気」「発する言葉」などとなります。もう少しイメージを湧かせたい方は、「イジられる役」のお笑い芸人さんを思い浮かべてもらえるとイメージが湧きやすいと思います。

そんな才能に加えて、「イジメられている」と感じさせることなく「面白い」と周囲に認識させることができる人が、この役を全うすることができます。例えば、「出川哲朗さん」や「アンガールズの田中卓志さん」などを見て、何度腹を抱えて笑い元気をもらったか分かりません。完全に天才です。

ただ、このような才能がなかったとしても、飲み会や職場などのビジネスシーンでは、「イジられ役」を担う機会が訪れることがあります。**「新入社員・若手社員」は、それだけで「イジられる役」を一身に背負うことがある**のです。

このような否応なしに担わざるをえないタイミングを見越して身につけておきたい人も、「イジられ役」としてのメリットを総取りしたい人も、「返しの技術」を身につけておけば安心です。

特に、「新入社員・若手社員」というだけで本当は嫌なのに……という方もいると思います。そんな方々は、「返しの技術」を身につけることで、自分の「返し」の発言次第で、場をコントロールできる手応えを知ることで、少しは気持ちが楽になろうかと思います。

では、具体的にどのような「返しの技術」があるのかを紹介できればと思います。

ポイント　新入社員・若手社員はイジられる技術を身につける

◇「返し」は3種類あれば十分である

実は、一般の方がビジネスシーンで使用するイジリの種類は私の経験上、大きくまとめると3種類ほどしかありません。そのため、「返し」として用意するものも同様に3種類で十分です。

①小馬鹿にするイジリ

相手に「できない」や「面白くない」などの下げるような印象を与えるイジリを指します。また、「見た目」についてのイジリも見受けられることもあるでしょう。先ほど伝えた一般的な「イジリ」の印象の元凶になっているものです。

このような「イジリ」を受けた場合、本当に不快な場合は**「心から嫌悪感を覚えている顔」を相手に向けるのも良い**と思います。前提として、無理をして対応する必要はありません。

ただ、心優しいあなたは「何かを言わなければ……」と自分の責任として背負い込むこともあろうかと思います。そんな時に使える**「繰り返し」**という技術をお伝えします。

言われた「イジリ」に対して「誰が」をつけて、少し大きな声で伝えるだけで「返し」

図25◆「イジリ」に対しての「返し」の種類

イジリの種類	具体的なイジリ	返しの種類	具体的な返し
小馬鹿にするイジリ	相手に対して「できない」「面白くない」などの下げる印象を与えるイジリ ex.○○は、面白くない	「繰り返し」	「誰が」 面白くないんですか!?
他愛ないイジリ	相手に対して「なんて言ってほしいの……」などの疑問が湧くほど他愛ないイジリ ex.うなぎ食べたの？　お金持ちだねぇ～	「たとえ返し」	「○○みたいに」 言わないでくださいよ
無茶なイジリ	相手に対して「何なのこの人……」と腹が立つほどの無茶な要求をしてくるイジリ ex.面白い話してよ	「ノリ返し」	何か話をして 「2秒の間をあけて」 「おい！」と言う

として成立します。「イジリ役」の人も、まさかそこまで綺麗に「返される」と思っていないでしょう。一般の「イジリ役」の方々は、「返し」を想定していない傾向があります。そのため、驚きと共にあなたに対して「只者ではないな……」と感じること間違いなしです。

②他愛ないイジリ

「なんて言ってほしいの……」と疑問が湧いてしまうほど、他愛ないイジリのことを指します。例えば、「うなぎ食べたの？　お金持ちだねぇ～」のような「イジられる役」も反応に困ってしまうほど、どうでもよく何の記憶にも残らない「イジリ」です。

この他愛ない「イジリ」が行われる理由としては、「イジる役」の気遣いであることが多いです。例えば、飲み会にて「関係開始ができるような会話を何かしないと無言で気まずい空気になってしまう……」などの配慮からくることが多いため、「イジられ役」としては、返してあげたい「イジリ」でもあります。このような「イジリ」に対して使えるのが**「たとえ返し」**の技術です。

相手の他愛なく盛り上がりに欠ける「イジリ」に対して、「○○みたいに」とたとえてあげることによって、笑いを生み出すことができます。

ちなみに、たとえるために必要な技術は、共通認識となっているものを連想することです。例えば、例文のような「お金持ち」と聞いて、共通認識となっているものは何かを連想してみてください。イーロン・マスクやＺＯＺＯＴＯＷＮの前澤友作元社長や叶姉妹などが思い浮かぶのではないでしょうか。

このようにたとえることで、「イジリ役」の非常に伝わりづらい優しさを汲み取り、笑いを生み出してあげましょう。そうすることで、この場の手柄は全てあなたのものになります。

③無茶なイジリ

最後は、「無茶なイジリ」です。この「イジリ」をする人は、無礼な人が多く私は苦手です。

余談ではありますが、私がお笑い芸人から社会人へ転職したばかりの頃は「無茶なイジリ」をよく受けておりヒドイものでした。例えば、「元お笑い芸人だったら、面白い話してよ」など。「こいつは、王様にでもなったつもりか……」と歯を何度食いしばったか分かりません。

そんな時の私の返しは、空気をぶっ壊してやろうと思っていたので「最低で下手くそなイジリだな！」と返していました。

ちなみに稀に今でもあるのが、講演会の最初に「それでは爆笑の講演を……」と私にマイクを渡す方もいます。そんな時は、**「ハードルが上がったので、少し下げてから講演を始めますね」**と笑顔で受け答えしますが毎度聞くたびにゾッとしています。

さて、このように「無茶なイジリ」は、基本的に無礼なので無視でいいと思いますが、念の為、**「ノリ返し」**という技術があるので伝えておきます。ただ紹介はしますが、この「ノリ返し」は、あまりお勧めしない理由があります。

それは、そもそも「無茶なイジリ」を受けた時点で、何をしても笑いを取ることが困難な状況にあるからです。

なぜかというと、第2章でお伝えした笑いのメカニズムでもある「フリ」「オチ」の構造に全く当てはまらないため、「無茶なイジリ」を返しても「スベる」前提で話を進めないといけないからです。最悪です……。

そのため「ノリ返し」の技術で最も重要なのは、「無茶なイジリ」に対して「何をするのか」「何を伝えるのか」ではなく、スベってしまった後にあります。

では、スベってしまった後に何をすると良いのかを、具体的にイメージが湧きやすいようにお笑い芸人さんの例を紹介します。

アンジャッシュの児嶋一哉さんをご存知でしょうか。児嶋さんは、「無茶なイジリ」を受けて、**何かを行い2秒の間を空けて大きな声で「おい！」と言います**。

実は、この一連のやり取りの中に、プロの技術が含まれています。それは、「2秒の間」にあります。なぜ、「2秒の間」を空ける必要があるかというと理由は2つあります。

それは、「おい！」という言葉を伝える前に、「①注目を集めるため」、そして「②スベらせるため」にあります。特に、強靭なメンタルが必要になってくるのは、「何かをしたこと」で会場などがザワザワとしているため、緊張と緩和が起こりにくい空気になるからです。そこで、②を行い完全に**スベることで笑いが生まれやすい空気へと自ら変化**させています。

これが「ノリ返し」の技術になります。もちろん、お笑い芸人というプロ同士の「無茶なイジリ」のため、笑いが起こることを想定し行っています。一般の方の中で行うには、よりハードルが高く非常に苦痛を強いられることが想定されます。

ちなみに、私はこの「ノリ返し」の技術を活用するスキルとメンタルを持っていません。あなたも、使用上の注意をよく読み、ご活用ください。

ポイント　イジリへの返しレパートリーは3つあれば十分

◇「イジられ役」は嫌ならやらない

ここまで①~④の役割について話をしてきました。改めて伝えさせてください。特に、気をつけてほしいのは「イジられ役」になります。理由は、繰り返しではありますが、

「担わなければならない」という点にあります。

つまり、嫌なのに「やらされている」という状況に陥ることがあるからです。本当に嫌なら無理をしてはいけません。

「空気を悪くしてしまうかも……」「嫌われてしまうかも……」などの感情が頭の中をぐるぐるしてしまい、無理をしてしまうこともあろうかと思います。無理しなくて大丈夫です。

「小馬鹿にするイジリ」や「無茶なイジリ」をしてくる人に、笑いのセンスなどあるわけがありません。そして間違いなく、**このような「イジリ」をする人は、自分のことを客観視できていないだけでなく、今の時代にマッチしていない**ため、出世する可能性は著しく低いです。関わる必要も、可愛がられる必要もない人です。

もし、今まで無理をしてきたのなら、そのような「イジリ役」の心無い発言を無視して、私と一緒に思いっきり空気をぶっ壊してやりましょう。大丈夫。私がついている。

ポイント　無視しても大丈夫

◇攻撃的な発言をした上司のスネをバットでシバいてみる

「空気をぶっ壊してやりましょう」と言うからには「今までそんな経験があるのか？」と思われる方もいると思います。せっかくなので、実際に私が思いっきり空気をぶっ壊した話を2つほど紹介させてください。

①飲み会で攻撃的な発言をする上司・先輩のスネをバットでシバくルールを作った
②会社の福利厚生になるために「中北軍団」を結成した

それでは、「①飲み会で攻撃的な発言をする上司・先輩のスネをバットでシバくルールを作った」からお話しできればと思います。

私が、お笑い芸人から転職した会社は、当時は離職率が非常に高い会社でした。プロフェッショナルとしての仕事を求められるが故に、職場では厳しすぎる心をエグり取るようなフィードバックが四方八方から聞こえており、若手社員が泣いてトイレに駆け込む姿を日常的に見ていました。

「飲み会」では、役割が自動的に割り振られており、「イジる役」は成果を出している先輩で、「イジられる役」はあまり成果を出していない後輩です。「仕事舐めてるよ」や「もっと本気でやれよ」など、何の参考にもならないバカみたいな精神論を酔った勢いで伝える方もおり、飲み会を楽しんでいる若手は誰もいませんでした。**「飲み会」に参加すれば参加するほど、若手社員が会社や先輩・上司を嫌いになっていく**負のスパイラルがぐるぐると高速回転しているような状態でした。

お笑い芸人から転職したばかりの私は、精神論バカのかっこうの餌食となり、勢い任せにフィードバックをされたのを覚えています。もちろん、その日の夜にノートを取り出し、怒りを忘れないためにマッキーの太い方でデカデカと精神論バカの名前を書いたのを今でも思い出します。

誤解がないようにお伝えすると、私がお笑い芸人から27歳で転職し、社会人経験約6年で株式会社俺を創業し、数名の社員を雇えているほどの実力がついたのは、その会社のお陰です。本当に、素晴らしい会社です。さらに、社内恋愛で結婚しているので結婚相手も見つけることができました。そういう意味でも最高の会社です。心から感謝です！

さて、そんな怒りで腑《はらわた》が煮えくり返っていた私は、この「飲み会」を変えるために全社会議で提言しました。私が納得いかない現在の状態や本来の「飲み会」のあるべき姿を共有し、飲み会にルールを設定しました。

そのルールとは……、

攻撃的な発言をした上司・先輩のスネをカラーバットでシバくというものでした。

なぜこのようなルールにしたかというと、心理的安全性を作り出すために「上司・先輩は厳しい発言はやめて、優しく接する」というルールにしたとしても、上司・先輩が発言しづらい空気になってしまっては意味がありません。つまり、上司もチームメンバーも楽しくなければ本来の心理的安全性が生まれないからです。

そこで、攻撃的な発言をした上司・先輩が、大晦日のダウンタウンさんの番組でもある『笑ってはいけない』のようにカラーバットでスネを叩かれれば、笑いに変わり場が活性化されていきます。メンバーも上司・先輩から攻撃的なことを言われても、「辛い……苦しい……」と悩むだけでなく、「○○さんから○○と言われた！」などを周囲へ告げ口という意味合いではなく、面白くなるという意味合いで言いやすくなっていきます。

ちなみに、なぜ「おしり」ではなく、「スネ」なのかというと、私の性格が悪いからというのを置いておくと、本当に痛い方が、茶番ではなく「痛い！」のリアクションが面白くて笑いに変わりやすいからです。

このように楽しめるルール設定をすると、メンバーが「飲み会」に参加することで会社や上司・先輩を嫌いになっていくことはなくなり、**本来の目的でもある「社員同士の親睦が深まるきっかけ」としての「飲み会」へと圧倒的に変化していきました**。

最後に、このルールを採用してくれた会社を含め、上司・先輩は、そもそも寛大な人たちであるということが今考えると非常に分かります。感謝の意味を込めてノートから名前を消しておきます。

ポイント **上司も部下も楽しいルールを作ってみる**

◇ 離職率0%を達成した「中北軍団」とは何か？

では、次に「②会社の福利厚生になるために『中北軍団』を結成した」について、説明していきます。ただ、文字だけを見ても意味がさっぱり分からないと思うので、まずそもそもの中北軍団の成り立ちから説明していきます。

お笑い芸人から転職した会社では、プロフェッショナルな仕事が求められるが故に、働きがいはあるが、働きやすさに欠ける部分がありました。

例えば、成果が出ていない若手社員や中途社員の方々は、**「上司・先輩に気軽に相談できない」「そもそも職場に馴染みづらい」「心が許せる同僚がいない」**などの悩みがあり、私が改善するために立ち上がりました。

そこで作ったのが「中北軍団」という名の組織になります。

「中北軍団」という名前の由来は、私がお笑い芸人として売れたら必ず作りたかったある会から取っています。それは、「竜兵会」です。ダチョウ倶楽部の上島竜兵さんを筆頭に今ではテレビの顔となっている「有吉弘行さん」「土田晃之さん」「劇団ひとりさん」など、錚々《そうそう》たる方々が所属していた会となります。

そのような憧れから作った会ということもあり所属している軍団員（※）には、私のことを「兄貴」と呼ばせていました。「中北軍団」への誘い文句も「そろそろ、俺のこと兄貴って呼んでみないか？」でした。お恥ずかしい限りです……。

※軍団員とは……「中北軍団」に所属しているメンバーのこと。

では、わざわざ「兄貴」とまで呼ばせていた「中北軍団」は、いったい「どのようなビジョン」で「どのような活動」をしていたのでしょうか……。

①中北軍団のビジョン

「会社の新たな福利厚生となる」を掲げてスタートを切りました。大手企業には、働きやすい環境を整えるために「家賃補助」や「社員食堂」のようなものがあります。それと同様に、働きやすい環境を整えるために「中北軍団」があることを目指していました。

②中北軍団の主な活動

若手社員や中途社員の中で、あまり職場に馴染めない、成果が出ていない人たちを中北軍団のメンバーとし、会社での関係開始を代わりに行い居場所作りをします。居場所を作るために、具体的にやっていた3つの施策をご紹介します。

1. 中北軍団で月1回の飲み会を開き、本音で話せる同僚を作る
2. 入社してきたメンバーの「人となり」を全社へ浸透させ、人を繋げる

3．経営者にメンバーの状態を共有する

この3つを主な活動としていました。特に、「中北軍団で月1回の飲み会を開き、本音を話せる同僚を作る」には、拘りを持って取り組んでいました。

なぜかというと、職場で成果が出ていない人を集めて「飲み会」をすると愚痴大会となってしまうことが多くあります。また、楽しく飲むだけでも、現場での状態は何も解決されることがなく気休め程度になってしまいます。そこで中北軍団の飲み会では、効果を最大化するために3つの仕掛けを行っていました。

①最近、やりがいを感じた仕事を共有する

成果が出ていない状況にいると、「やりがい」を感じることが非常に少なくなります。すると「会社への不満」を溜め込んでしまったり、自分の存在価値を疑い「ここに居ても良いのか……」と自己否定の思考へと入っていきます。そこで、成果という結果だけではなくプロセスの中から「やりがい」を見出していきます。

②上司・先輩の良いところを探す

普段から注意や指導を受け続けていると、自ら上司・先輩とコミュニケーションをとった方が良いことは分かっているものの、精神的なブレーキが働いてしまい、気軽に相談などをすることができなくなってしまいます。すると当然ですが、気軽に相談できないが故に、**ミスコミュニケーションが発生しやすくなり、結果的にさらに成果が出ない状況へと陥って**いきます。

そこで、精神的ブレーキを外すためにも、上司・先輩の良いところを探します。すると、「もう少し気軽に話を聞いて良い人かも……」と徐々にブレーキが解除されていきます。ただ、本当に良いところが1つもないモンスター上司もいるので要注意です。

③互いの改善点を1つ、良い点を3つ伝え合う

褒め合うだけの場では、傷の舐め合いのようになってしまいます。また、何も改善策がないまま現場に戻ったところで、一瞬だけやる気になるだけで何の意味もありません。だからこそ、関係構築ができている同僚に「改善点」を伝えてもらうことで受け入れることもできます。

加えて、自信がなくなっている方も多いため、改めて自分の良い点や強みを3つ伝えて

もらうことで、働くことへのモチベートをしていきます。

このような「飲み会」を重ねながら「中北軍団」の軍団員として関係構築を図っていくと、職場では見せることができなかった、もしくは機会がなかった「人となり」を理解することができていきます。

その「人となり」の中でも、職場で可愛がられそうな部分を先輩・上司へと紹介していきます。つまり、取り扱い説明書を「中北軍団」の中で作成し職場へと展開していくわけです。展開することにより、「上司・先輩」も関係開始をリスクなく行うことができると共に、「軍団員」も嫌な思いをすることがなく関係開始をすることができるわけです。

また、「飲み会」を重ねていると軍団員の状態を如実に把握することができます。具体的には、2つの方法で見極めています。

1つ目は、「①最近、やりがいを感じた仕事を共有する」を行っていると、あまり共有する事項がない軍団員が出てきます。理由として、**「新たなチャレンジができていない」「言われたことだけを行ってしまっている」**など、成長実感を得ることができていないケースが多いです。

２つ目は、「②上司・先輩の良いところを探す」を行っていると、悪口しか出てこない軍団員も出てくるわけです。「良いところあるでしょ？」と聞いても「……」と空調の音だけ聞こえてくるほど無言で気まずい空気が「飲み会」を支配します。理由としてはシンプルで、**「上司とうまくいっていない」「精神的なブレーキが強すぎるが故に考えるのが嫌になっている」**など、かなり健全ではない状態です。

このような状態を把握し、**経営層に情報として渡すだけでなく、「働きがい」と「働きやすさ」を作るための改善案を出していきます。**

このような活動を通して、「中北軍団」が発足してからの3年間は離職率０％を達成することができました。

始めたときは、私が、お笑い芸人から転職してきて2年目であり、成果も出ていない状態でした。若手社員や中途社員の離職に問題意識を感じ発足した「中北軍団」であり、ただ「竜兵会」に憧れ「兄貴ぶりたい……」という不純な動機でも始めた「中北軍団」。「自分なんて……」など、ブレーキとなる言葉は頭の中にいくらでも思いつきます。ただ、本気で組織のことを考え、思いを語り、取り組み、動かせば、ぶっ壊せるものだと私は信じています。

ぜひ、あなたの名前をつけた「○○軍団」を結成してみてはいかがでしょうか。あなたのことを「兄貴」「姉貴」と呼びたい人が必ずいます。あなたならできる！

ポイント　本気で思いを語り、取り組めば会社を変えられる

◇モンスター図鑑を完成させよう！

さて、ここまで集団の場での「関係開始」について触れてきました。ただ、**「飲み会」のような場は、「良い人」ばかりではありません。**なぜなら、アルコールという飲み物に後押しされて、理性がどこかへ飛んでしまう方も多いからです。そんなアルコールに後押しされた多種多様なモンスターが現れ、飲み会が「モンスターハウス」と化してしまうことが多々あります。

そんな「モンスターハウス」という名の飲み会で「モンスター」に遭遇した場合に、どのような「対応策」を取るべきなのか。モンスターの種類によって「すぐ逃げた方が良い」「こちらから攻撃をする」「害が少ない」など、あなたが取るべき「対応策」が異なっ

承認欲求系モンスター

⑦俺がいかに面白いかモンスター

害レベル 低

生態:会話の全ての評価が「面白い」か「面白くない」かで判断される。口癖は「で、オチは?」とオチを聞いてくる。ただ、モンスター自身の話にオチはなく、面白くもない

対応策:「面白い」と言ったり「大きめの声で笑う」などをするだけで良い。「太鼓の達人」をしているかのようにリズム良く相槌を打っていれば良い

⑧自信ないモンスター

害レベル 低

生態:「私、自信がないんです……」を誰に対しても伝える。アドバイスを求めるが、アドバイスを実行することはない。会話の一つの題材として「自信がない」ことを人に言う。ただただ、人に心配をさせるだけのモンスター

対応策:寄り添うだけ時間の無駄なので話半分で聞きながら「できる!」などのポジティブな言葉を伝え続けるだけで良い

⑨成果出てないけど手際が良いモンスター

害レベル 低

生態:普段成果が出ていないが、ここが見せ場と言わんばかりに飲み会での気遣いができる。「皿を下げる」「注文を取る」「お酒を注ぐ」などの行動を自ら進んでやる

対応策:自分が若手社員の場合、我関せずでいると後で「怒り」をかうリスクがあるため、トイレなどに行く際に「お礼」や「気が利いてすごい」などの褒める言葉を投げかける

独立系モンスター

⑩独立したいモンスター

害レベル 低

生態:「独立したい」や「後3年くらいしかいない」など、近い将来この会社には居ないなどのニュアンスのことを言いたがる。ただ、独立をすることはなく、この会社に誰よりも長く居る

対応策:ただ話を聞いているだけで十分。気をつけるべきは、「具体的にどんな事業で独立するのか?」「いつまでに?」などの具体化するような質問をすると思考停止してしまう

強風系モンスター

⑪二次会来いよモンスター

害レベル 中

生態:とにかく二次会に誘おうとする。相手の意思は関係なく、力ずくにでも二次会に連れていきたい。ただ、行ったところで話す内容は特になく、二次会に呼ぶことが目的になっているモンスター

対応策:行きたくなければ「断る」。断ったところで、仕事に何の影響もない。行きたければ「行く」。流されず自分の意志を出す

⑫先輩風が吹き荒れるモンスター

害レベル 高

生態:敬語を使わせ、気を遣わせる。マナーに対して敏感で厳しく注意をする。しかし、少人数で自分から飲みに誘ったとしても、世代がかなり上にもかかわらず会計が割り勘もしくは、数百円多く払う程度

対応策:二度と少人数で飲みに行くのをやめる。どうしても行かなければならない場合は、マナーに対しての修行だと思い込む

図26 ◆ 飲み会の場に現れる「モンスター」チェックリスト

パワハラ系モンスター	①説教モンスター  害レベル 高	生態：酔った勢いに任せて、説教を始める。大抵の場合、説教の対象となる相手は誰でも良いことが多い 対応策：「逃げる」の一択。説教を聞いても酔っ払っているので、改善策までは至っておらず聞く意味がない
	②飲め・注げモンスター  害レベル 高	生態：「飲め」・「注げ」などの強要をしてくる。「飲めば強くなる」という、強くなったところで何のメリットもないロジックで攻め立ててくる 対応策：「逃げる」の一択。飲んで、注いだところで、そんな相手は出世もしないので意味がない。騒がしいのが好きな方は、一緒に飲むのを楽しもう
セクハラ系モンスター	③隣に座れモンスター  害レベル 高	生態：おじさんに多いモンスター。女性を隣に座らせてキャバクラのように接する。今の時代には、ほうっておいても自滅して絶滅するモンスター 対応策：「逃げる」の一択。シンプルに気持ちが悪い。後日、自分の上司・人事などにセクハラを受けたことを報告して問題にし再発をさせないようにする
	④社内で誰が好きかモンスター  害レベル 低	生態：社内で誰がタイプかなどを聞いてくる。「居ない」と言っても「強いて言うなら」など誰かの名前を挙げるまで終わらない。恋愛観が中学校の修学旅行で止まっている 対応策：「タイプ」は居ないが、尊敬できる人は居る、と抜本的に話を変えてしまうことが望ましい。害は少ない傾向がある
口が災い系モンスター	⑤悪口モンスター  害レベル 中	生態：口を開けば悪口。侍にでもなったかのように、バッタバッタと職場の人を斬っていく。厄介なのは、あなたは?と悪口を強要してくる 対応策：悪口を言いたくない場合は、バカのフリをする。例えば「そんなことよりお腹減りませんか?」など、急に脈絡のない話をする
	⑥口軽いモンスター  害レベル 中	生態：内密に話をしたにもかかわらず、すぐに人に言ってしまう。人の話でしか他者とコミュニケーションを取る話題がないため、何度注意されても治ることはない 対応策：口軽いモンスターは、周囲の噂になっていることが多い。そんな噂が立っている人に対しては、内密な話を絶対にしない。表面的な「暑い・寒い」や「晴れ・曇り」など、この世で一番当たり障りのない話をする

てきます。多種多様なモンスターの「生態」と共に学んでいきましょう。

また、あなた自身が「モンスター化」してしまう場合は、「生態」をよく読み、「飲みの席」では水（聖水）を飲みながら改善していきましょう。

「飲み会」や「モンスター」に苦手意識がある方も、**新種に遭遇したら喜べるような気軽な気持ちでモンスター図鑑を完成させていきましょう。**

では、具体的に飲み会の場で現れる「モンスター」の種類は、どのようなものがあるのでしょうか。実は、大きく分けると6種類の「モンスター」が出現します。この大きく分けた6種類をさらに細分化すると大体12種類ほどのモンスターがいます。あなたも確実に遭遇したことがあるモンスターがいるはずです。

あなたの強い味方になればと思い、持ち運べるようにモンスターを一覧にまとめ、チェックリストとして使用できるようにしたのが図26です。本文とあわせて、「遭遇したことがある」や「他にもこんなモンスターがいる」など、楽しんでお読みいただければと思います。

パワハラ系モンスター

①説教モンスター：害レベル（高）

○生態：酔った勢いに任せて、説教を始める。大抵の場合は、説教の対象となる相手は誰でも良いことが多い。問題なのは、説教したことを覚えていないこと。もしくは、とても良いことをしたと勘違いしていること。

○対応策：「逃げる」の一択。説教を聞いても酔っぱらっているので、改善策まで至っていない同じ話を永遠と聞くだけになってしまう。こちらの気分が悪くなるだけで時間の無駄になる。

②飲め・注げモンスター：害レベル（高）

○生態：「飲め」・「注げ」を強要してくる。お酒が強いことが「正しい」という価値観をふりかざしてくると共に、「飲めば強くなる」という何のメリットもないロジックで攻め立ててくる。また、自分のグラスが空いていることに厳しく「気が利かない」などの注意をしてくる。

○対応策：「逃げる」の一択。飲んで、注いだところで、このモンスターが出世することはない。グラスが空いている時点で、周囲から気にも留められていない人材であることが窺える。尊敬に値する人であれば周囲がほうっておかない。本当に、この人が尊敬できるのであれば注げば良い。ただ、要注意なのが、取引先などの接待の場合は、「気が利かない」が問題となることがあるので学べる時に学んでおくことも必要である。

●パワハラ系モンスター：まとめ

この系統のモンスターは、害レベルが非常に高いため、飲み会で遭遇した場合は関係開始することなく、その場から「逃げる」ことをお勧めしています。また、飲み会に①や②のモンスターが複数いる場合は、組織の風土が悪しき風習に染まっているため「肌に合わない場合」は、転職もお勧めしています。ちなみに、このような風土の会社は「転職」のことを「逃げる」と表現する傾向があります。

セクハラ系モンスター

③隣に座れモンスター：害レベル（高）

○生態：おじさんに多いモンスター。女性を隣に座らせてキャバクラのように接する。今の時代は、ほうっておいても自滅して絶滅するモンスター。

○対応策：「逃げる」の一択。理由としては、気持ち悪いからである。二度と再発させないために上司もしくは、人事などにセクハラを受けたことを報告することをお勧めする。ただ、一つ気をつけたいのは、本当に普段話ができておらず「少し話をしてみたかった」という理由で呼んでも、誤解される可能性がある。呼ぶ側は、慎重に行う必要がある。

④社内で誰が好きかモンスター：害レベル（低）

○生態：「社内で誰がタイプなのか？」を聞いてくる。「居ない」と答えても、「強いて言うなら」など、言葉巧みにとにかく誰かの名前を聞き出すまで終わろうとしない。恋愛観が、中学校の修学旅行で止まっている。

○対応策：答えたくない場合や、本当に居ない場合は、「タイプ」

は居ないが尊敬できる人はいる、など、根本的に話を変えてしまうことをお勧めする。

●セクハラ系モンスター：まとめ

この系統のモンスターは、特に③の害レベルが高くなっています。しかし、社会が敏感になっていることもあり、誤解からセクハラ系モンスターと位置づけられることもあるため注意が必要です。加えて、私もかなり気をつけていますが、自分自身がセクハラ系モンスターにならないためにも、慎重な関わり方や誤解を招く言動をしないことを心がけることをお勧めします。

口が災い系モンスター

⑤悪口モンスター：害レベル（中）

○生態：口を開けば悪口。侍にでもなったかのように、バッタバッタと職場の人を斬っていく。厄介なのは「あなたは誰か居ないの？」と悪口を強要してくる。悪口を聞き続けていたとしても、結局のところは「私は頑張っている」という結論に至ることが多い。

○対応策：悪口を言いたくない場合は、バカのふりをするのが一番。例えば、話の流れとは関係なく「そんなことよりお腹減りませんか？」など、急に脈略のない話をすることをお勧めする。相手からすると「この人と話しても意味ないな」と思わせることで悪口を求められることがなくなる。

⑥口軽いモンスター：害レベル（中）

○生態：「ここだけの話」として内密な話をしたにもかかわらず、すぐに人に言ってしまう。人の話でしか他者とコミュニケーションをとる話題がない。何度注意されても癖のようなところがあり改善される可能性は極めて低い。

○対応策：口軽いモンスターは周囲の噂になっていることが多い。口が軽いと噂が立っている人に対しては、内密な話を絶対にしないようにする。表面的な「暑い・寒い」や「晴れ・曇り」など、この世で一番当たり障りのない話をするようにする。

● 口が災い系モンスター：まとめ

この系統のモンスターは、個体別では害レベルが中ですが同席してしまうと害レベルが非常に高まります。加えて、悪口モンスターと口軽いモンスターは、同一人物であることもあり要注意です。さらに、センスのない上司は、⑤のモンスターのことを職場の人間を良く見ていると勘違いをすることがあり、ご意見番として職場の人に対しての意見を求める傾向があります。⑤の一番の欲求は「自分が頑張っている」ことを知ってほしいことなので、意見を聞いたとしても意味のない偏見となっていることが多いです。要注意です。

承認欲求系モンスター

⑦俺がいかに面白いかモンスター：害レベル（低）

○生態：会話の全ての評価が「面白い」か「面白くない」かで判断される。口癖は「で、オチは？」とオチを求める傾向がある。ただ、モンスター自身の話にオチはなく面白くもない。このモンスターの笑いの取り方は、相手を卑下することが多く「自称イジるのが得意」な人と同じ特徴を持つことが多い。

○対応策：相手から面白いと思われたいだけのモンスターのため、「面白い」と言ったり「大きめの声で笑う」などをするだけで良い。「太鼓の達人」をしているかのようにリズム良く相槌を打つだけで十分である。そのため、腹は立つが意外と害は少ない。

⑧自信ないモンスター：害レベル（低）

○生態：「私、自信がないんです……」を誰に対しても伝える。アドバイスを求めるが、「自信がない」ということを会話の一つの題材として考えているため、特にアドバイスを実行することはない。ただただ、人を心配な気持ちにさせるメンヘラ気質があるモンスターである。

○対応策：寄り添うだけ時間の無駄なため、話半分で聞く。そして、「できる！」とポジティブな言葉を伝え続けるだけで良い。真剣に考え、改善策を伝えたところで活用されることはない。

⑨成果出てないけど手際が良いモンスター：害レベル（低）

○生態：普段の業務では成果が出ていないが、ここが見せ場と言わんばかりに「飲み会」の時だけは存在価値を発揮しようとする。「皿を下げる」「注文を取る」「お酒を注ぐ」などの気が利く人がする行動を全て網羅する。また、目の前の気遣いだけでなく二次会の予約の手配などにも余念がない。

○対応策：あなたが若手社員の場合、我関せずで「飲み会」にいると知らぬ間に、「怒り」をかうリスクがある。そのため、トイレなどに行く際に「お礼」や「気が利いてすごいですね」などの軽い関係開始をする言葉を投げかけておくと良い。

●承認欲求系モンスター：まとめ

この系統のモンスターは、基本的に害レベルは低いですが、比較的どこにでも現れる可能性があります。出没頻度のイメージとして、「スライム」や「ポッポ」や「クリボー」をイメージしてもらえればと思います。そのため、対応策をいつでも実践できるようにしておくことをお勧めします。

また、⑦に近いモンスターで「俺がいかにすごいかモンスター」などもおり、⑦のモンスターと同じ対応策を実行すると難なく対応することができるのでご安心ください。最後に、⑨のモンスターは、あまり深入りすると「⑪二次会来いよモンスター」へと進化するため要注意です。

独立系モンスター

⑩独立したいモンスター：害レベル（低）

○生態：「独立したい」や「後3年くらいしかいない」など、近い将来この会社に居ないなどのニュアンスのことを言いたがる。この「独立したい」などの言葉を口にするモンスターの多くは、本気で口にしているわけではなく、周囲への「俺は、只者じゃない」「俺は、他とは違う」というアピールであることが多い。独立をすることはなく、結局は誰よりも会社に長く居る。

○対応策：ただ話を聞いているだけで十分である。気をつけるのは、「具体的にどんな事業をするのか」「いつまでにするのか」など、具体化するような質問をすると思考停止してしまうため曖昧な状態を保ちつつ会話を進める。

●独立系モンスター：まとめ

この系統のモンスターは、他のモンスターに比べると可愛さすら感じるところがあります。ただ、なぜモンスターと言われるかというと「会社にぶら下がるモンスター」へと進化する恐れがあるからです。

「会社にぶら下がるモンスター」とは、入社したばかりの同僚などを捕まえて「会社への不満」「待遇への不満」「上司・同僚への不満」などを言いふらします。当然ですが「自分で何かを変える」という意識や行動はありません。「上司の立場」からするとモンスター以外の何者でもありません。「会社にぶら下がるモンスター」へと進化する前に「他責であること」を早々に気づかせる必要があります。

ちなみに、本当に稀に「独立」を本気で口にしている素晴らしい人材もおり、そのような方々は会社の中で大切にしていただければと思います。本気で口にしている人とアピールで口にしている人の見分け方は、あなたなら書くまでもなく一発で分かると思います。何もかも違うので。

強風系モンスター

⑪二次会来いよモンスター：害レベル（中）

○生態：とにかく二次会に誘おうとする。相手の意思は関係なく、力ずくでも二次会へ連れて行きたい。ただ、行ったところで話す内容は一次会で全て消費されており、話すことはない。二次会に呼ぶことが目的になっている。

○対応策：行きたくなければ「断る」。実は、断ったところで仕事に何の影響もない。かなり押しが強いモンスターもいるが、自分の意志を出すことが重要である。

⑫先輩風が吹き荒れるモンスター：害レベル（高）

○生態：敬語を使わせ、気を遣わせる。マナーに対して敏感で厳しく注意をする。しかし、少人数の飲みに「先輩から」誘ったとしても、会計が割り勘、もしくは数百円多めに払う程度である。割り勘の言い訳として「全部払うと癖になるから……」という意味の分からないロジックで攻めてくる。

○対応策：二度と少人数で飲みに行くのをやめる。どうしても行かなければならない場合は、マナーに対しての修行だと思い込む。

●強風系モンスター：まとめ

この系統のモンスターの中で、⑫のモンスターにお笑い芸人時代に会ったことがなく、びっくりしたのを覚えています。社会人となった今でも、私が先輩として後輩を誘った場合は必ず全額支払うようにしています。なぜなら、先輩というだけで「敬語で話してもらう」「気を遣ってもらう」ことに対しての「税金」だと思っているからです。

最後に一つだけお伝えします。⑪のモンスターの誘いに乗り、二次会に行ったところで一次会の楽しさを超えることは起こらず、期待しているような「深い話」「熱い話」などの会話がなされることは皆無です。なぜなら二次会に参加している全員が、一次会の影響もあり疲れているため、惰性の「飲み会」が繰り広げられることが多いためです。ただ、関係開始したい人が二次会に行くのであれば「行く」という選択も悪くはありません。

◇気軽な気持ちでモンスターを退治する

さて、ここまで多種多様なモンスターの「生態」と「対応策」を紹介してきました。どこの「飲み会」に参加しても、1～2名ほどのモンスターは必ず存在しています。「苦手なモンスターの隣に座ってしまった……」と諦めるのではなく、チェックリストをポケットに忍ばせ、気軽に対応策を実行してみてください。対応策が、全く効果がないモンスターに遭遇したとしても、「この人は、身も心もモンスター化している……」などの新たな発見があるはずです。

そうすれば、きっと今よりも「飲み会」が少しは楽しい場に変化するはずです。

そして、忘れてはいけないのが、チェックリストをご覧いただき「自分自身がモンスターになっていないか……」も確認してみてください。

立川談志曰く、

「酒が人をダメにするんじゃない。人間がもともとダメだということを教えてくれるものだ」

この言葉にもあるように、あなたもお酒を飲んだら自分では気づいていないだけで、何かのモンスターになっているのかも知れません。

余談ですが、私はお酒を飲むと「好き」「嫌い」の感情に嘘がつけなくなり、「好き」な感情を持つ相手はベタ褒めし、「嫌い」な感情を持つ相手が飲みの席にいた場合、真っ直ぐに相手に「嫌い」と伝えてしまうというモンスターのようです。私も、気をつけます……。

ポイント

飲み会に出るモンスターを把握して「飲み会モンスターマスター」になろう

第3章のまとめ

1 集団の場は、一人一人の目的が違うので、まとめるのが難しい

2 集団でのコミュニケーションに便利なのが「イジる・イジられるスキル」

3 集団内での役割は４つある

4 ９割の人のイジリはパワハラ

5 イジリは本来、心理的安全性を高める

6 新入社員はイジられる技術を磨こう

7 イジられた時の返しは、繰り返し、たとえ返し、ノリ返しの３種類

8 飲み会に出るモンスターを把握して「飲み会モンスターマスター」になろう

第4章

次も会いたいと思われる神雑談力

図27◆関係構築には3つのフェーズがある（再掲）

1	関係開始	（相手から） この人は良い印象だ
2	関係継続	（相手から） この人をもっと知りたい
3	関係深耕	（相手から） この人の力になりたい

中原淳、小林 祐児、パーソル総合研究所著
『働くみんなの必修講義 転職学 人生が豊かになる科学的なキャリア行動とは』
（KADOKAWA、2021年4月）を参考に著者作成

ここまでの第3章までは、関係開始のやり方について解説してきました。当たり前ですが、ここで本を閉じ読み終えてしまうと関係開始である**「初めまして」の印象は良いですが、それ以降の関係構築をすることができません。**

2回目に「あなた」と会った人は、「最初は良かったのにな……」や「病院のご飯くらい薄味の人だな……」など、せっかくの関係開始の効果も虚しく関係構築が途切れてしまいます。

では、ここからどのように図27のように**「①関係開始：この人は良い印象だ」**から、**「②関係継続：この人をもっと知りたい」**へ

と移行していくのかについて話していきましょう。どんどん相手をあなたに夢中にさせていきましょう。

具体的な内容に入る前に、一つ押さえていただきたいことがあります。それは、「関係開始」をすることよりも遥かに**「関係継続」の方が、「あなた」にとっても「相手」にとってもハードルが高い**ということです。

それはなぜかというと、**「ダンバー数」**という理論を聞いたことがあるでしょうか。諸説ありますが一つの参考として紹介させていただきます。

「ダンバー数」とは、１９９３年イギリスの人類学者ロビン・ダンバーが、霊長類の脳の大きさと群れの大きさとの間に相関を見出したものです。霊長類が親密なグループを築くとき、群れの大きさは大脳皮質の大きさに相関し、人間が円滑に安定して維持できる関係は１５０人程度だという理論を発表しています。

また、この人数に関しては個人差があると言われています。あなたの人生を振り返り、親密な関係に至った方々との経験を踏まえて、適切な人数はどの程度かも考えていただけ

図28◆人間が安定して維持できる関係

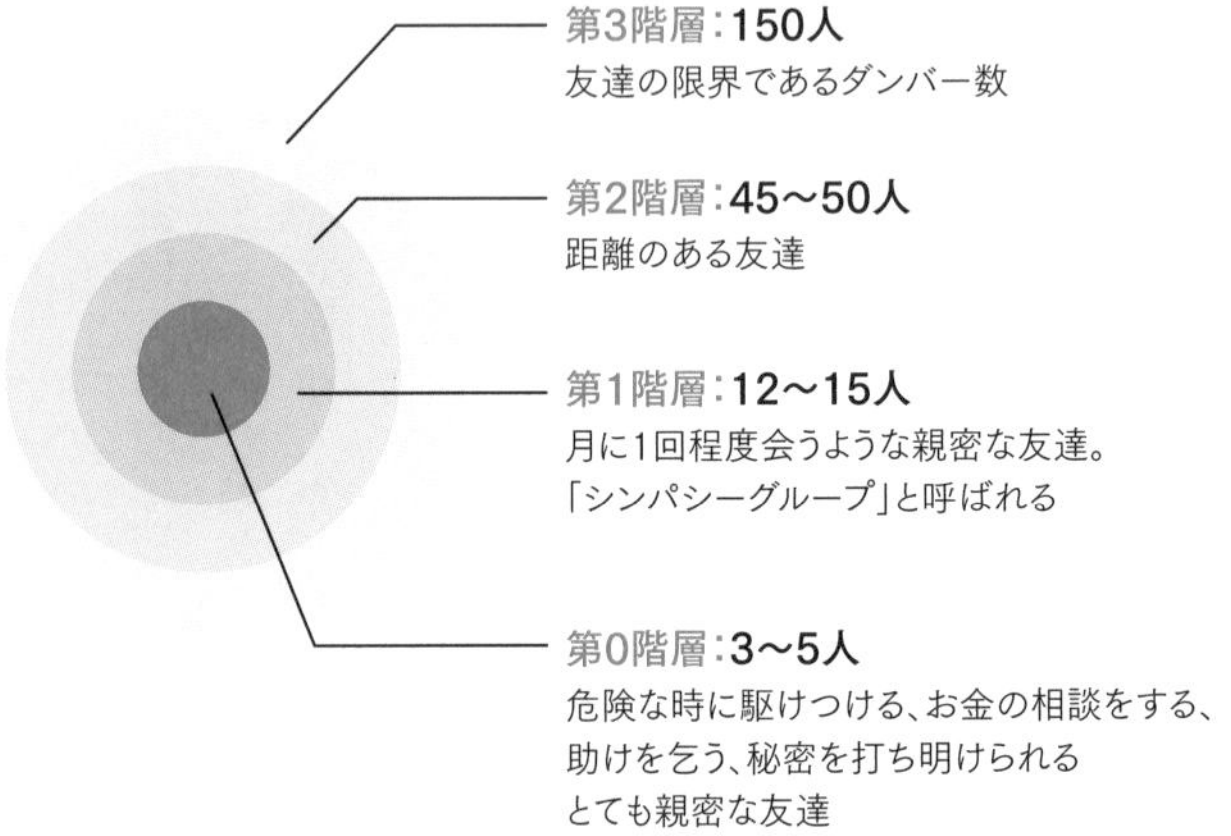

ると楽しくご覧いただけます。

では、具体的に関係性に応じて人数がどのように異なるのか見ていきましょう。

●第0階層：3〜5人

危険な時に駆けつける、お金の相談をする、助けを乞う、秘密を打ち明けられるとても親密な友達

●第1階層：12〜15人

月に1回程度会うような親密な友達。「シンパシーグループ」と呼ばれる

●第2階層：45〜50人

距離のある友達

●第3階層：150人

友達の限界であるダンバー数

さて、第0階層は、友達のみならず家族なども含めてもらえるとイメージが湧きやすいのではないでしょうか。第1階層は、私の場合は3名ほどでした。少ないですが……丁度いいくらいです。第2階層は、友達だけでなく、先輩や比較的に親密な会社関係者の方々なども幅広く入れていくと50名ほどの方々と繋がりがあるのではないでしょうか。第3階層については、ＳＮＳなどで顔と名前を確認していくと納得がいく方も多いのではないでしょうか。

もちろん「ＳＮＳなどで２０００人ほど友達がいる」や「第2階層までしか数えられる友達がいない」という人もいると思います。

そして、この理論の私が面白いと思うところは、**限界人数が決められているため、各階層の友達の顔ぶれも入れ替わる**というところにあります。具体的には、学生時代に第1階層にいた顔ぶれと社会人になりコミュニティが変化した後の顔ぶれが変わっていることがあろうかと思います。

つまり、これから関わっていくほとんどの方は、**「これまでの人生」の中で第3階層までの150人の友達の上限に達している状態で「あなた」と出会う**ことになります。そのため、「関係開始」を行い、新たに150人の中、もしくは45〜50人の顔ぶれの中に入るために「関係継続」をする必要があるということになります。

あなたが「関係継続したい」と思えるような「尊敬できる人」や「憧れる人」であれば尚更、いつもの顔ぶれに加わるためには順番待ちとなっており長蛇の列状態のはずです。

そうなんです……。実は、争奪戦となっているわけです。では、どのようにして「顔ぶれ入れ替え争奪戦」に勝利していくのでしょうか。具体的に、お伝えできればと思います。

ポイント　人脈には限界がある。親しい12〜15人を大事にする

◇メリットがない人は、関係継続を行うことはできない

第1章でお伝えした通り**「人生で出会う大半の人が、自分にとって必要のない人である」**という前提があるように、相手にとっても「あなたは必要な人ではないと認識される」可能性が非常に高いです。そのため、「必要な人である」と提示する必要があります。

つまり、相手にとって**「あなたと関わることでメリットがある」**ことを伝える必要があるということになります。

メリットを伝えずに、自分のメリットだけを求めて「関係継続」しようとすると、私が以前おかしていた失敗に陥ることになります。

具体的には、「お金持ちの人」と仲良くなりたいと鼻息荒く考えていました。正直な気持ちを、声を大にして言うと、お金持ちと仲良くなると自分にとってメリットになることが多いと考えていたからです。

例えば、「ご馳走してもらえる」「有益な情報がもらえる」「問題を解決してくれる」など、分かりやすいメリットが舞い降りてくると考えていました。

現実は、そう甘くありません……。**相手は、自分が考えている以上に、人をしっかり見て判断しており、自分が思っている以上に賢い**からです。

「自分だけが利益を得よう」という意識は透けるどころか丸見えです。

改めて、この文脈で「メリット」と聞くと「お金」や「儲け話」など、「怪しい臭いがしてくるな……」と感じる方もいるのではないでしょうか。

この場合のメリットとは、もちろん「相手が利益を得られる」ことではありますが、利益にはいろんな意味が含まれています。例えば、どのようなものがあるかというと……、

①安心感がある
②話していると面白い
③悩みを聞いてくれる／解決してくれる
④目的達成に必要である／有益な情報が聞ける

などのメリットを相手に感じてもらうことができれば良いわけです。当然ですが、ここに書いてあることが全てではありません。また、相手によって求めるメリットが異なるため探っていく必要もあります。

このような話をしていると、難易度がかなり高いように感じる方もいます。実は、**メリットを感じてもらうことはさほど難しいことではありません**。いつもの自分通りで過ごすことでメリットを感じてもらうこともあります。

分かりやすい例でいうと、売れているお笑い芸人さんが、売れていない後輩芸人さんを

連れて旅行へ行ったり、普段から飲みに誘う話を聞いて「なぜ、売れていない後輩芸人さんを可愛がる必要があるんだろう……」と疑問を抱いたことはないでしょうか。

特に、**ビジネスシーンではあり得ない失敗をするような人を可愛がります**。どんな失敗か簡単にいうと、新幹線のチケットを買ったばかりにもかかわらず無くすのは朝飯前で、1回の旅行でレンタカーを事故によって2台潰したりするわけです。

そんな後輩芸人さんを可愛がる理由は、明確にメリットが存在しているからです。

そもそもは「可愛い」や「面白い」もありますが、一番の理由は多くのエピソードを提供してくれるからです。売れているお笑い芸人さんだとしても、日常生活を過ごす中で笑いが取れるようなエピソードが無数に起こることなどありません。

だからこそ、ビジネスシーンでは**あり得ない失敗をするような人を連れ歩くことでエピソードを収集することができる**わけです。ただ、売れていない後輩芸人さんからすれば、いつも通り過ごしているだけのはずです。

これは、お笑いの世界ですので、ビジネスシーンであり得ない失敗をして面白がってくれる上司・先輩は職場にはいないと思います。元お笑い芸人の私ですら、「二度と一緒に旅行することはない」と判断すること間違いなしです。

ただ、ここで伝えたいのは、第2章で紹介した「可愛がられる人の共通点を題材にした論文」で「一貫性がある」「素を隠さない」「分かりやすい人」のような特徴があるように、ビジネスシーンでも許容できる範囲の失敗をする方であれば、「素のまま」でいてくれたほうが相手には「安心感がある」「話していると面白い」などのメリットを提供できる可能性は高いということです。

ポイント **売れていないお笑い芸人と一緒にいるのも、メリットがある**

◇関係継続のために「笑いが取れる話の構造」を理解する

ここからは、先ほどご紹介した①～④のメリットを相手に感じてもらえるような、ビジネスシーンでも使える、**「関係継続：この人をもっと知りたい」**を実現するための方法を3つ紹介していければと思います。

それでは、1つ目の方法から紹介していきます。この書籍を手に取る人であれば、身につけたいと心から思っているであろう「笑いが取れる話の構造」について触れていければと思います。相手が感じるメリットでもある**「②話していると面白い」**を獲得していきましょう。

・小話を作る（笑いが取れる話の構造）

あなたが、ビジネスシーンでお客様や同僚と話している中で、「オチ」がついた笑える話を聞くことは、ほとんどないのではないでしょうか……。例えば、相手の話がスベってしまい「イジる」ことで笑いが生まれることはあっても、トークとして笑えるものは非常に少ないと思います。

私の経験上でも、「オチ」で笑いを取りながら日常的に会話されている人は覚えている限りいません。強いていうなら、用意された鉄板の話（※）で笑いを取る方は複数名いるかと思います。

※鉄板の話とは……お笑い用語で「必ずウケる話」を意味します。

それほど、**笑いが生まれる話を日常的にしている人は、ビジネスシーンでは稀有な存在**であり、競合がいないブルーオーシャンであるということです。

図29◆笑いが取れる話の構造

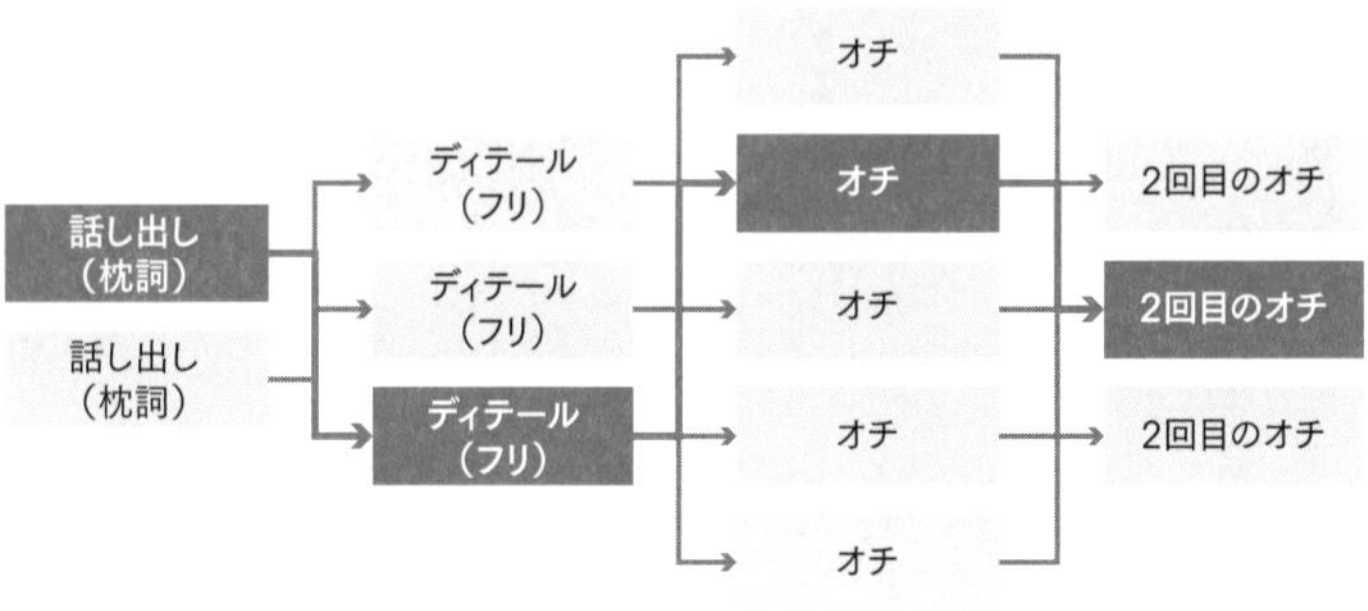

トークには人それぞれ構造がある
何度も人に話をし「こする」ことでベストな「構成」を導き出す

では、具体的にどのような構造なのかというと、図29を見てください。

この図は、スベらない話をするトーク番組で有名なお笑い芸人さんの話を構造化したものになります。第2章でもお伝えした「笑いのメカニズム」でもある「フリ」「オチ」を思い出していただけると分かりやすいと思います。

それでは、一つひとつの「中身」と作る上での「注意ポイント」について解説していきます。

「話し出し（枕詞）」：どのような話なのかタイトルを伝える。「○○の話ですが」などが望ましい。

「注意ポイント」：「面白い話がありまして……」はやめる。無駄にハードルが上がってしまう。

「ディテール（フリ）」：共通認識を作る。誰かの話であれば、どういう人物なのかを伝える。「真面目すぎる人」や「ガサツな人」など、共通認識をあらかじめ決めておく。

「注意ポイント」：共通認識がブレてしまう無駄な話を省く。

「オチ」：共通認識と真逆のことを伝える。例えば、「真面目すぎる」→「不真面目」などの真逆のオチや「ガサツ」→「さらにガサツ」などが分かりやすく望ましい。

「注意ポイント」：突拍子もないオチを言わない。ビジネスシーンでは、突拍子もないオチは面白かったとしても理解されないことが多い。

「2回目のオチ」：オチが「理解されない」や「スべったとき」のために、もう一度オチを用意しておく。「不真面目」→「さらに不真面目」など、もう一つ重ねる。もしくは、「不真面目」→「意外と悪い人ではない」などの笑いを狙っていないようなフォローに回ることでスベっていないように装う。

「注意ポイント」：「さらに不真面目」の方向へ攻めていくと不適切な発言になってしまう可能性があるため注意が必要。ビジネスシーンということもあり、お勧めは「スベっていないかのような」フォローが良い。

ちなみに、お笑い芸人さんの話には、それぞれ特徴が存在しています。例えば、「いやらしい話」で構成されていたり、「効果音」が特徴的であったり、「独特の着眼点で長尺の話」であったりと、個性を活かして磨き上げてきたものになります。

スベらない話をするトーク番組で披露されている話は、何度も「こする（※）」ことで完成度を高め非常に笑いの純度が高いものへと仕上げられています。

※こするとは……お笑い用語で、ウケるために何度も人前で話し改善を行い磨くことを意味します。

何となく**「笑いが取りたい」とがむしゃらに話をしたところで「笑い」が生まれる可能性は非常に低い**です。笑いが取れる構造を理解し、構造に当てはめながら話を組み立ててみてください。あなたが今、持っている「あまりウケない話」を構造に当てはめて話してみるだけでも、間違いなく今よりも「笑い」が生まれやすくなります。

ちなみに私は、営業としてお客様とお会いする際に、必ずシリーズ物の小話を作成していきます。最近で言えば、同席している株式会社俺の社員の恋愛の進捗について小話を打ち合わせ前に作成し、お客様に伝えるようにしています。当然、株式会社俺の社員には、どこまで話していいかを確認しながら伝えるようにしています。

このように**シリーズ物の小話を毎回打ち合わせで伝えることによって、相手から「あの話どうなりました？」と質問が生まれる**ようになります。すると「株式会社俺との会議は楽しい・働くことは楽しい」という付加価値が生まれ、相手から選ばれる理由を追加することができるわけです。ぜひ、あなたもお客様、もしくは職場の人に小話を作り「あなたと働くことが楽しい」理由を作ってみてください。

ポイント 何度か会う人には、シリーズものの小話を聞かせて次につなげる

◇ 話のテーマを理解する

さて、「笑いが取れる話の構造」を理解したと思います。ただ、そもそもどんな話を構造に当てはめていくと良いのかに頭を抱えているのではないでしょうか。

実は、ビジネスシーンで話されているテーマは大きく分けると4つほどしかありません。

①仕事
②趣味
③家族（出身地の話を含む）
④友人（恋人の話を含む）

この4つのテーマに対して、「過去・現在・未来」の切り口で話を組み立てることに大抵の場合はなります。

加えて、関係構築のフェーズによって①~④のテーマを選択して話していきます。当たり前ですが、「関係開始」の段階で**「④友人（恋人の話を含む）」**について話したとしても自己開示をしすぎているため相手は引いてしまいます。従って、**「①仕事」**の「過去・現在」の話からすることが妥当と言えます。

また、会うのが2回目以降は、**「関係継続：この人をもっと知りたい」**と思わせるために、**「①仕事」**の話でも「未来」について「どんなことを実現したいのか」や、**「③家族（出身地の話を含む）」**や**「④友人（恋人の話を含む）」**の「現在」や「過去」などを話すことで、心理的距離を深める効果があります。

最後に、面白いとはなにか……について、お話しできればと思います。私は、人生の大半を「面白くなりたい」と思い過ごしてきた、ビジネスシーンでは稀有な人間だと思います。お笑い芸人をやめるまでは、面白いとは「笑い」を取ることであると思い込んで生きてきました。ただ、お笑い芸人をやめてから「面白い」について考えていくうちに、一つの結論に達しました。

それは、スポーツで熱狂しても「面白い」と感じる、映画を観て感動しても「面白い」と感じる、お化け屋敷で恐怖しても「面白い」と感じる、情熱的な未来へのプレゼンを聴いても「面白い」と感じるわけです。つまり、**「面白い」とは、人の感情が動く際に用いられる言葉**であるということです。

「②話していると面白い」と思われたいけれど、「笑わせるのが苦手」と感じている方もいると思います。「笑い」に強引にアプローチするのではなく、「感動」や「熱意」や「怖い話」などの感情を動かせる方向へシフトしていくのも一つの方法であると私は思います。

ポイント　人の会話のテーマは、大体4つくらいしかない

◇万能すぎる3つの枕詞

それでは、「関係継続：この人をもっと知りたい」を実現するための方法の2つ目を紹介していきます。「笑いが取れる話の構造」よりも、もっとシンプルですぐにでも使用可能なものを伝えていきます。

それは「枕詞（話し出し）」です。特に、**「④目的達成に必要である／有益な情報が聞ける」**を獲得するために使用すると異常な効果を発揮します。私も、普段から多用しており「枕詞」に足を向けて眠れないほど感謝しています。なぜそこまで優秀だと思っているかというと理由は3つあります。

①プレゼンテーションで「枕詞」を活用することで強調させることができる

「ここが本当に重要なんですが……」「ここだけでも覚えて帰ってください……」などの言葉を枕詞として使用するだけで、プレゼンテーションに抑揚がつくだけでなく強調させ持ち帰らせたいところが明確になります。

また、有益な情報を話す前に「枕詞」をつけるとより重要度が増しているように感じる傾向があります。加えてこう言っては語弊がありますが、大して重要ではないところでも「枕詞」をつけると重要なことを聞いているかのように錯覚をさせることができるほど優秀です。

ちなみに私が使用する場合は、講演会などで緊張感がなくなってきたのを感じた際に**「ここだけは持ち帰って欲しいのですが……」**と枕詞を使用するだけで全体の場に集中力が戻ります。ぜひ、実際に使用して「枕詞」の万能感を感じてみてください。

②聞きづらいことを難なく引き出すことができる

「関係継続：この人をもっと知りたい」と思われるためには、相手のことを「関係開始」よりも深く知り、相手が欲しい情報を提供することや相手の目的に対して、この人が必要だとメリットを感じてもらう必要があります。そのため、聞きづらいことも聞く必要があるわけです。

分かりやすい例でいうと、話のテーマの「③家族（出身地の話を含む）」や「④友人（恋人の話を含む）」のプライベートに関わってくる話は、相方に聞くことに対してブレーキが生じやすいです。

また、よくある例として営業としてお客様と対峙した場合、「予算」「競合」「株式会社俺が受注する可能性」など、相手に聞くことに対してブレーキが生じることが多々あります。ただ、聞かないことで失注する可能性を高めてしまうため質問をすることが必要となってくるわけです。

そこで、「枕詞」の出番がやってくるわけです。

具体的に言うと、**「正直なところ……」「あえて聞きますが……」**などの枕詞を使用することで、相手も「ここだけの話ですが……」と言いつつ、答えてくれることが多くなります。さらに重要なのは聞き方です。小手先中の小手先のスキルになりますが、聞きづらいことを聞きづらそうに聞くと、相手も答えづらくなってしまいます。

そこで「誰にでも当たり前に聞いてますけど、何か……？」を装いながら聞くことが非常に重要となります。

ぜひ、何気ない顔をしてお客様に「正直、うちの会社が受注できそうですか？」とさらっと聞いてみてください。普段は聞きづらいと思っていることも、さらっと「枕詞」を使い聞いてみると意外と何でも教えてくれます。

③「フリ」として使用し簡単に小笑いを生み出すことができる

実は「枕詞」は「フリ」として活用することができます。

例として、言葉にするのも少し恥ずかしいベタな（※）「フリ」をお伝えすると……、

※ベタとは……お笑い用語で「ありきたり」を意味します。

- **フリ：「昨日は、全く寝てない」**↓オチ：「8時間しか寝てない」
- **フリ：「お昼ご飯全然食べてない」**↓オチ：「どんぶり3杯しか食べてない」
- **フリ：「隣と席が近いので小さい声で乾杯します」**↓オチ：「（大きい声で）乾杯！」

自分で、書いていていても少し頬を赤らめるほどベタですが、ついつい口にしてしまう「フリ」を書いていています。小笑いが欲しいときには、「枕詞」をフリとして活用して小笑いを生み出してみてください。日常会話に笑いが確実に増えること間違いなしです。

ポイント　話がうまい人は、枕詞を駆使している

◇強制的に距離を近づける「シネマワーク」

ここまでは、「小話を作る」「枕詞」など会話の流れの中で、自ら発信して活用するものを紹介してきました。そもそも、うまく会話の流れを作れない人もいるかと思います。そんな方のために、最後の3つ目は、趣向を変えて膝をつき合わせて使用するものを紹介していきます。

どのような方法かというと**「シネマワーク」**というものです。

具体的なワークの内容としては、「今までの人生の中で、今の自分を形作っている経験を絵で表現し、映画のワンシーンのように作成してください」というものになります。

このワークの狙いとしては、相手の**「歩んできた人生」「価値観」「判断の軸」などを互いに共有**することができます。ワークの進め方としては、絵の内容を共有しながら、気になることを質問していくことでより深い部分まで聞くことができます。

また、これらのことを共有することでコミュニケーションエラーが軽減されるだけでなく、関係開始から関係継続に移行するための無駄な探り合いの必要がなくなり、ワークという形式を取ることで強制的に「話すこと」「聞くこと」ができるわけです。

図30 ◆ シネマワーク

今までの人生の中で、今の自分を形作っている経験を絵で表現し
映画のワンシーンのように作成してください

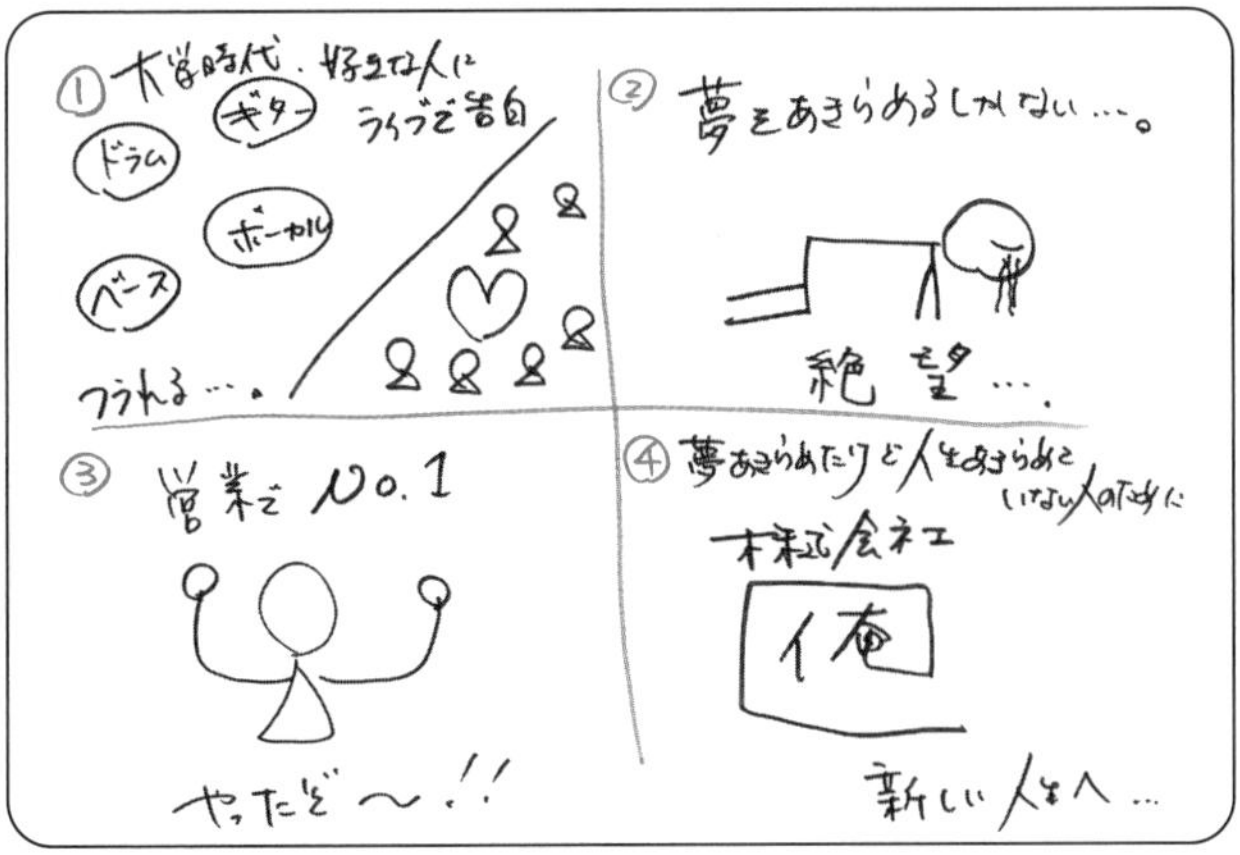

この方法は、第7章のマネージャーのチーム作りで使用しても非常に効果が高いものになります。私も、株式会社俺に新たな社員が入社すると必ず「シネマワーク」を実施するようにしています。特に、新たに入ってきた社員から、既存の社員へ質問するのは少々気が引けてしまうこともあり、このような**強制的なコミュニケーションの場を設けることで無駄な駆け引きをなくすことができる**ため非常に重宝しています。心からお勧めです。

さて、ここまで**「関係継続：この人をもっと知りたい」**を実現するための

方法を3つ紹介してきました。相手から「もっと知りたい」と思われるためには、やはり表層的な部分だけではなく自分の内面を開示する必要があります。

自分だけがメリットを得ようとしても、関係継続することは不可能です。逆に、何も自分にメリットがない人に対して何かを与え続ける人は良い人というよりは、不気味な人に見えてしまいます。街で会った人に急に「今日から毎月5年間、10万円を差し上げさせてください……」と懇願されたら、受け取るのを躊躇すると思います。そんな不気味さと似ています。

そうではなく**双方がメリットを感じることが、健全な関係構築である**と私としても感じているところです。ぜひ、紹介した3つの方法を活用し、楽しみながら「関係継続」をしてもらえると幸いです。

ポイント

「歩んできた人生」「価値観」を共有すると、関係継続がしやすくなる

◇「売れるお笑い芸人」と「売れないお笑い芸人」は環境が違う

ここまでは、あなたが相手の「ダンバー数」の中に入り、「顔ぶれ入れ替え争奪戦」にどのようにして勝っていくのかについて話をしてきました。

実は、忘れてはいけない観点があります。それは、あなた自身も「ダンバー数」の限界に達しており、新たに友達を増やすことができない可能性があるということです。

つまり、**関係維持を新たな人と開始していくためには、あなたの友達の「断捨離」をする必要がある**わけです。「ダンバー数」を例として「友達」という言葉を使い表現していますが、状況としてはもっと深刻であると私は考えています。

なぜなら、「はじめに」でお伝えしたように、大抵の人が「あなたのことを好きな人」よりも、「あなたのことが嫌いな人」や「あなたが苦手な人」に意識を奪われ、関係性を改善しようと時間を費やす「破滅思考」に囚われているからです。

本来、自分にとって「必要な人」や「大切な人」に使えるはずの「ダンバー数」が、自分にとって不必要な人によって埋め尽くされていることが大いにあります。

せっかくの自分の人生の時間を無駄に使わないために、誰と「関係継続」をする必要があるのか見極め、自分にとって不必要な関係の「断捨離」をしていきましょう。具体的に、断捨離の方法について説明していく前に、一つ余談を挟めればと思います。

それは、お笑い芸人の世界に都市伝説的に語られている「断捨離」の効果についてのお話です。どのような話かというと、ある大手お笑い事務所のマネージャーさんが、今から約20年以上前、ネタ見せ会場で売れていない若手芸人、１００名に伝えたアドバイスです。

それは……、

「中野に住んでいるやつ全員、目黒か世田谷に引っ越せ」というものでした。


ネタ見せ会場では、中野近辺に住んでいたお笑い芸人の方が多く、困惑した空気が流れました。それでも、マネージャーの方は続けました。

「中野に住んでいる芸人のほとんどは、売れないお笑い芸人たちが出るライブに出演することを想定して住んでいる。だから、周囲にいるお笑い芸人も売れていない人が多い。

ただ、目黒か世田谷に住んでいるお笑い芸人は、テレビ局に通うことを想定して住んでいる。もちろん、住んでいるお笑い芸人も売れている方が多い。つまり、君たちが関わる先輩も替わり、普段の会話の質も大きく変わるということだ。

10年後、どっちの環境に身を置いたほうが売れる可能性が高いと思う？」

ちなみに、この話を聞いた5人だけが引っ越し、95人の方が引っ越しを決断しなかったそうです。10年後、その決断をした5人は爆発的に売れました。みなさんも、絶対に聞いたことがあるお笑い芸人の方々です。20年後の今はMCとして番組を持っている方もいます。

ビジネスの世界では、仕事で成果を出すことが当たり前です。成果が出るように会社がノウハウをため、仕組み化をしてくれています。一方で、お笑い芸人の世界では、売れるほうが珍しく、長きにわたり売れていない人たちと関わっていると、熱意を持っていたとしても、知らぬ間についつい傷の舐め合い、馴れ合いへと変化していってしまいます。

誤解がないようにいうと中野や高円寺に現在住んでいて売れているお笑い芸人さんも沢山います。20年以上前の価値観と少し変わっているところもあるため、一概に何が正しいというわけではありません。重要なのは、どのような人と関わるところに身を置けば**「熱意を持ち続け、目的を実現するために走り続けられるか」**という話です。

◇必要のない人を「レッツ断捨離」

では、「関係継続」するための余白を作るために、具体的に「断捨離」についてお話しできればと思うのですが、おそらく「人を断捨離するなんて……ひどい……」と感じる方もいると思います。実際に、人を断捨離と称して、ゴミ箱に捨てるわけではありませんし、ましてや、相手もあなたのことを重要な人物だと感じていないことの方が多いです。そんな人たちを見極め、重く考えず、この人といると**「楽しい・楽しくない」「ときめく・ときめかない」**のようなイメージで、「レッツ断捨離！」とポップに断捨離していければと思います。

さて、そもそもどのような人たちを「断捨離」していくとよいのでしょうか。

ぜひ、私の経験からお話しできればと思うのですが、前提として、私の強みを一つ紹介させてください。それは、「見てきた人間の幅の広さ」にあると思っています。

例えば……、

●お笑い芸人時代

・借金に借金を重ねて消費者金融カードがポケモンカードのデッキみたいになっている人

・女性と話をしたくて週5回渋谷や銀座の交差点でPM15：00からAM6：00までナンパをして延べ10万人に声をかけた人

・芸能界で十分な地位があるにもかかわらず、一般人と感覚が乖離しないように毎日テレビ局に満員電車で通う人

●社会人時代

・「会社がさ……」「上司がさ……」など他責な発言ばかりしている人

・マネジメントしているつもりがパワハラ、セクハラにしかなっていない人

・人の心を5分のプレゼンで動かせる人

●起業家時代（現在）

・大金持ちだが、人を見下して話をする起業家
・お金を使いながら人を物のように扱い、結局女性かお金の話しかしない起業家
・困っている人を本気で助け、世界平和を本気で実現しようとしている起業家

このようなヘンテコな経歴であるが故に、非常に面白く興味深い人たちと出会えた一方で、「断捨離」しないと自分の人生において「害」を及ぼしかねない人たちと出会う機会もありました。それでは、幅広い人を見てきたからこそ伝えられる、害を与える可能性がある「断捨離」した方がよい人の特徴を厳選して10個お伝えできればと思います。

ポイント　「楽しい・楽しくない」のように関わらない人の基準を持つ

◇興味ない人間と関わらない

図31に特徴をまとめました。実はこの10個の特徴の怖いところは、モンスターの「生態」と同様に**自分がなり得る可能性がある**ということです。つまり、相手に対して「蔑ろ

図31◆「断捨離」した方がよい人

陰湿系	①気分で性格が変わる（情緒が不安定）	害レベル 高	毎日、気分によって高圧的になったり、妙に優しくなったりと変化する。情緒が安定せず、相手の気分を窺いながら接する必要がある
	②陰でネチネチと人の悪口を言う	害レベル 高	表面的には笑顔で接しているが、陰では相手のことを悪く言っている。いつ、こちらが悪口の対象になるかも分からない
当たり前が欠如系	③嘘をつく（借りたものを返さない）	害レベル 高	自分が不利な状態にならないために誤魔化したり嘘をつくことがある。また、ジュース代などの数百円を返さない
	④ドタキャン／リスケが多い	害レベル 高	約束をしていたことを平気で変更する。最悪の場合、連絡もなくドタキャンすることもある
時間を奪う系	⑤深夜まで悩みを相談してくる（何を伝えても響かない）	害レベル 高	「職場がさ……」など、着地が見えない悩み相談を深夜まで続ける。特に解決したいとも思っていない。アドバイスをしても「でも……」と切り返し、聞く気がない。ただ、夜な夜な話し相手を探している
	⑥一方的に愚痴を話す	害レベル 高	ただただ、上司や同僚などの愚痴を一方的に聞かされる。こちらの話を聞くわけでもなく、とにかく愚痴で時間が過ぎていく
攻撃系	⑦攻撃的な発言が多い	害レベル 高	嫉妬心なのか、ライバル心なのか、発言に棘があり攻撃的である。集団の場で一緒になると「こちらの評価を落とす」ような発言が散見される
	⑧対応を「個別」でいる時と「集団」でいる時で変える	害レベル 中	個別で話をしている時には問題はないが、集団の場で話をすると対応を変える。自分の立ち位置や見せ方を判断した上で、こちらと対応する
	⑨「変わったよね」と言いたがる	害レベル 中	久しぶりに会った人に多い。「昔と比べると変わったね」と嫌味のように言う。「変わらないままでいてほしい」というよりは「自分より下でいてほしい」の意味が含まれる
利用しようとする系	⑩イベントの告知だけを送ってくる	害レベル 低	普段は全く連絡がないが、イベントなどの告知だけを送ってくる。「お久しぶりです！」など、「会いたかったです」的なニュアンスをすぐ使う

にする感情」や「見下している感情」を持っている場合、ついついやってしまうわけです……。そうなると、相手から「断捨離」されるだけでなく、相手の周囲の人間からも「断捨離」されてしまう恐れがあります。

そうならないためにも、全ての人を「尊敬して関わりましょう」「尊重する心を持ちましょう」などの綺麗事を言うつもりはありません。そうではなく「興味のない人間とは関係継続を行わない」を心がけてください。ちなみに、私は心がけるどころか徹底して関わりを持ちません。

そして、私の経験上、長く「関係継続」していくために最も重要なものは、このような特徴を知ることや紹介したスキルではありません。

それは、**相手に対する「敬意」**だと感じています。「断捨離」した方がよい人の特徴も、結局のところ相手への「敬意」が欠如しているところから生まれています。また、双方のメリットだけで繋がっている関係は、片方がメリットを感じることができなくなった場合、どれだけ手放したくなくても脆くも崩壊していきます。

心から「関係継続したい」と思える相手には、メリットの提示もさることながら「敬意」を示すことが何よりも重要だと思います。ただ、相手から「敬意」を示されず、メリットだけで繋がっている場合は、無理せず関係継続を終わらせるのも一つの手だと思います。

ぜひ、無理に関係継続しようとせずに、まずは自分を大切にしましょう。

ポイント

「相手より自分」を忘れてはいけない

第4章のまとめ

1 深い関係をつくる限界は150人である

2 シリーズものの小話は、関係を深めるのに有効

3 枕詞で相手の本音を探る

4 「歩んできた人生」「価値観」を共有すると関係継続しやすい

5 合わない人とは、関係を続けなくてかまわない

6 「楽しい・楽しくない」のように関わらない人の基準を持つ

7 「相手より自分」を忘れてはいけない

第5章

自然とまわりから協力してもらうコミュニケーション術

第1章から第3章まで、**「①関係開始：この人は良い印象だ」**を相手から得るためには何が必要かをテーマとして話してきました。そして、第4章では**「①関係開始：この人は良い印象だ」**を獲得した相手の中から自分にとって必要な人を選択し**「②関係継続：この人をもっと知りたい」**を獲得するための方法について解説をしてきました。

本章では、自分のやりたいことを実現するための**「③関係深耕：この人の力になりたい」**についてお話しできればと思います。**「関係深耕」を別の言葉に言い換えるとすれば「やりたいことを実現する力」**と表現しても良いほど社会人生活を送るうえでは必須なものになります。

なぜかというと、組織内で「自分のやりたいこと」を実現するためには、あなたがいくら「やりたい」と主張しても「協力してくれる人」や「やってみろ……と背中を押してくれる人」が周囲にいなければ目標を達成することはおろか、やりたいことを実現するチャンスすら回ってきません。

だからこそ、あなたが「関係継続」している人の中から相手を見極め、さらに深く「関係深耕」を行い、**やりたいことができる環境を自ら作っていく**必要があるわけです。

時代の流れと共に「リベラル」という考え方が色濃く浸透してきました。私の職業柄、

「自分らしさ」を求めて就職・転職したものの「イメージと違う」や「会社でやりたいことができません」など、相談を受けることが多々あります。

私も経営者の端くれとして会社側の意見を伝えると、「この人の力になりたい」と思ってもいない「信頼していない社員」に対して「やりたいことをさせる」という投資をするはずがありません。これは、株式会社俺のような中小企業だからではなく、当たり前ですが大企業と言われる潤沢に資金がある会社も同様です。

つまり、やりたいことを実現するためには「関係深耕：この人の力になりたい」という、**あなたの「ファン」を職場に作る必要がある**というわけです。さあ、あなたのことを応援したくてたまらない「ファン」作りを始めていきましょう。

ポイント **自分のファンを作ると、やりたいことが実現に向かっていく**

◇ビジネスは交渉できる人が勝つ

おそらく「関係深耕」を行ったとしても、上司や会社のせいにして「やりたいことはできない」と諦めている方もいるのではないでしょうか。ただ、この第5章を読んでから諦めるかどうかを判断しても遅くはないと確信しています。

なぜなら、**ビジネスは基本的に交渉がうまい人が思惑通りに進めていける**からです。
具体的にいうと、個人間取引だとイメージが湧きやすいのではないでしょうか。

・メルカリで自分が支払える価格に合わせて値引きの交渉をする
・住んでいる家の家賃を値引き交渉する
・電器店にて値段を下げる、もしくはポイントを付与する交渉をする
・転職時の年収を上げる交渉をする

など、ご存じの通り、交渉できることは山のようにあります。しかし、個人間取引ではなく、いざ自分が勤めている会社になると、会社の決定したことには交渉せず、無条件で従うことが当たり前となっています。つまり、**「やりたいこと」があるのであれば、自分が実現するために交渉が可能**ということです。

もちろん、頑張って交渉しようとする人もいます。どのように交渉しているかというと、聞こえてくる声としては「希望が通らないなら辞めます」というような「交渉」というよ

り、もはや「脅し」のような発言をする人も多くいます。仮にそれで通ったとしても「こいつは、いつか辞める」と、周囲が「ファンになる」どころか腫れ物として扱われてしまいます。

もちろん、全員が交渉して通るわけではなく、交渉するために必要な要素を満たしている必要があります。例えば、この5つの質問に対して全て「はい」と言えないのであれば、問題は上司や会社ではなく自分にある可能性が高いです。

①あなたは「やりたい」を実現させてもらえるほど信頼を得ているか
②あなたの「やりたい」は会社にとってメリットがあるのか
③あなたの「やりたい」に協力してくれそうな人の目星はつくか
④あなたの「やりたい」をキーパーソン（決裁権を持っている人）は知っているか
⑤あなたの「やりたい」を聞くと相手はワクワクするのか（応援したくなるのか）

やりたいことの大小にかかわらず、最低でも①～⑤に対して「はい」と答えられないと「やりたいことを実現する」機会をもらえない可能性が高いです。

余談ではありますが、私がお客様から聞いて感動した話を一つ紹介すると、ある大企業の会社の社長は、25年前に新入社員研修で当時の社長に**「どうすれば社長になれますか？」**と質問をした人間だそうです。

この話に私は、とてもグッときました。昨今、「希望が通らないなら辞めます」という人が多くなってきている中で、「どうすれば社長になれますか？」と本気で聞いてくるわけです。仮に、株式会社俺の社長として、入社してきた新入社員の方にそのような質問をされたら、「応援したい」とファンになってしまいます。

この余談を例に①〜⑤を考えると、タイミングなども良かったということもあり、①はこれからの働きで獲得していくとしても、②〜⑤はこの質問を通して、ある程度獲得することに成功しているのではないでしょうか。

ポイント **「やりたいこと」をやる条件を満たす**

◇陥りやすい落とし穴がある

ただ、当たり前ですが一撃必殺で①～⑤を獲得できるほど簡単な話ではなく、信頼と同様にコツコツと積み上げていかなければいけません。そして、注意しなくてはならないのが、①～⑤にはそれぞれ陥りやすい落とし穴が存在していることです。

例えば、どのようなものかというと……、

①「関係開始」や「関係継続」まで周囲と至っていない中で主張をしている
②「会社にとって」という部分が抜けており「自分にとって」だけが主張されている
③「協力してくれる人」や「背中を押してくれる味方」がいない
④やりたいことを伝えている人は、上司というだけで決裁権を持っていない
⑤応援したいと思えない言葉で伝えているため魅力的に聞こえていない

特に、②の穴に真っ先に落ちる方が多く、ついつい独りよがりな主張をしてしまうことがよくあります。加えて、とても重要なのは「○○まで必ず達成します」と結果を曖昧にせずに責任を持つことを宣言することです。

いざ、結果を出すことを突きつけられた時に、責任を負わず弱気になってしまう人に対して、誰も仕事を任せたり応援してくれはしません。

この②の穴に落ちる方の特徴として、「他責」「自己客観視が苦手」などの傾向がある方が多く、なかなか穴から這い上がれず離職につながることが多々あります。

ただ、離職し別の会社へ転職したとしても「やりたいこと」ができるわけではなく、同じ穴に落ちるため、結局「穴」から「違う穴」へと移動するだけで、「スーパーマリオブラザーズ」のゲームでもしているかのような状態になってしまっています。

さて、誤解がないようにお伝えしておくと、「やりたいこと」というメッセージを使用していますが、**「やりたいこと」がなければ「関係深耕」に移行する意味がないというわけではありません**。キャリアの考え方には、「山登り型」と「川下り型」の2つがあります。

図32のように「山登り型」とは、**「目標」や「やりたいこと」を見据えて動くというキャリア**の考え方です。「目標」や「やりたいこと」を達成するために周囲にファンを作りながら進めるわけです。

一方で、「川下り型」は、**今の「価値観」を大切に目の前のことに全力で取り組むこと**を言います。「何を大切にしたいか」「どう在りたいか」を軸として判断していき、もちろん

図32◆2つのキャリアの考え方

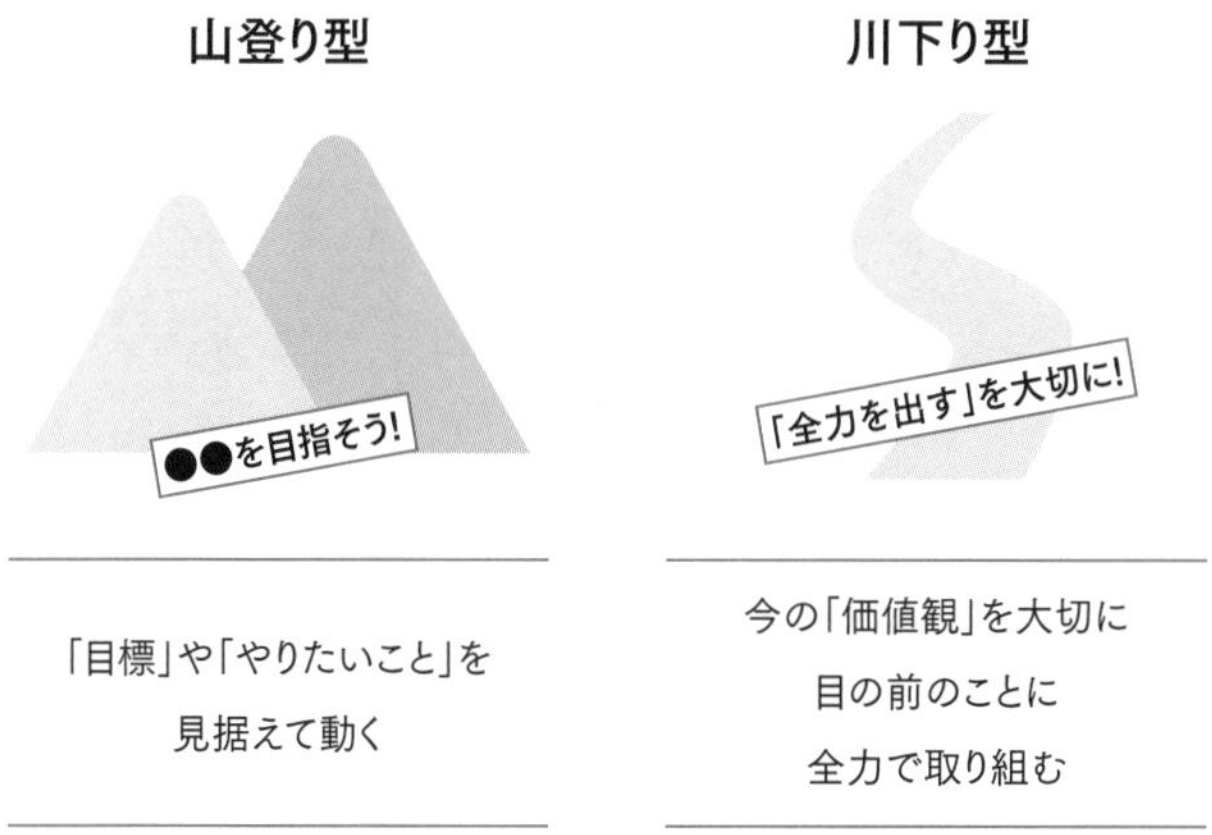

必要であれば周囲の人と協力し応援してもらいながら、目の前のことに打ち込むわけです。

この2つのキャリアの考え方は、川を下っていると山が見え登り始め、また川を下ることもあるように柔軟に行き来します。

私のキャリアがまさに、「山登り型：お笑い芸人」を目指していたが、山がなくなってしまい「川下り型：社会人」を行っているうちに、また「山登り型：株式会社俺」が見えて、経営をしているというように行き来しています。

またこのキャリアの考え方に、優劣はありません。強いていうと「山登り型」の方が、「川下り型」の方に対して**「やりたいことは、あった方がいいよ！」とマウントを取る傾向**

があるくらいです。ただの無知からくるマウントですね。

ちなみに、「川下り型」で成功している人は誰がいるのか……、お笑い芸人の方でいうと、ご本人たちのインタビューを参考に判断すると「今田耕司さん」や「東野幸治さん」が挙げられます。どちらも超一流で、文句のつけようがありません。

つまり、「やりたいこと」が「あろうが」「無かろうが」どちらでもよく、**自分の「意思」通りに「過ごしやすい」ように環境を整えたいのであれば「関係深耕」が必要**であるということです。また、いざ「やりたいこと」ができたときを見据えて身につけておくことも重要だということです。

では、本題はここからです。陥りやすい落とし穴に落ちることなく、「やりたいこと」を実現するために「関係深耕：この人の力になりたい」をどのように行うのでしょうか。

ポイント **「やりたいこと」が常にある必要はない**

◇あなたの「やりたいこと」を知っている人はいない

さて、①と②に関しては第4章までをお読みいただいた方であれば、何をすれば実現可能かイメージが湧くかとも思います。また「やりたいこと」や「自分らしさ」の作り方は第6章で詳しくお伝えします。まずは、「③あなたの『やりたい』に協力してくれそうな人の目星はつくか」について、深掘りしていければと思います。

まずは、一つ問いをお出しできればと思います。

「あなたの『やりたい』を職場のどこまでの人が知っていますか？」

実は、この問いが非常に重要です。なぜなら、周囲の方々は、あなたの「やりたいこと」を知らない人の方が多いからです。それは、単にあなたが話していないからというだけでなく、仮にあなたが**「やりたいこと」を周囲に伝えていると思っていても、ほとんどの人が関心すら持っていない**ことが多々あります。

また、理解度はもっと悲惨な状態で「言われてみれば、○○さんが言ってたな……」程度の理解となっています。もうこれでは、「やりたいこと」を伝えていないのと一緒です。

こんな状況では、協力してくれる人の目星をつける以前の問題であるということは言うまでもありません。だからこそ、まずやるべきこととしては、**あなたの「やりたいこと」を、どの程度の人まで知っているのかを可視化する**ことが重要です。どのように可視化し

図33◆あなたの「やりたいこと」を知る人

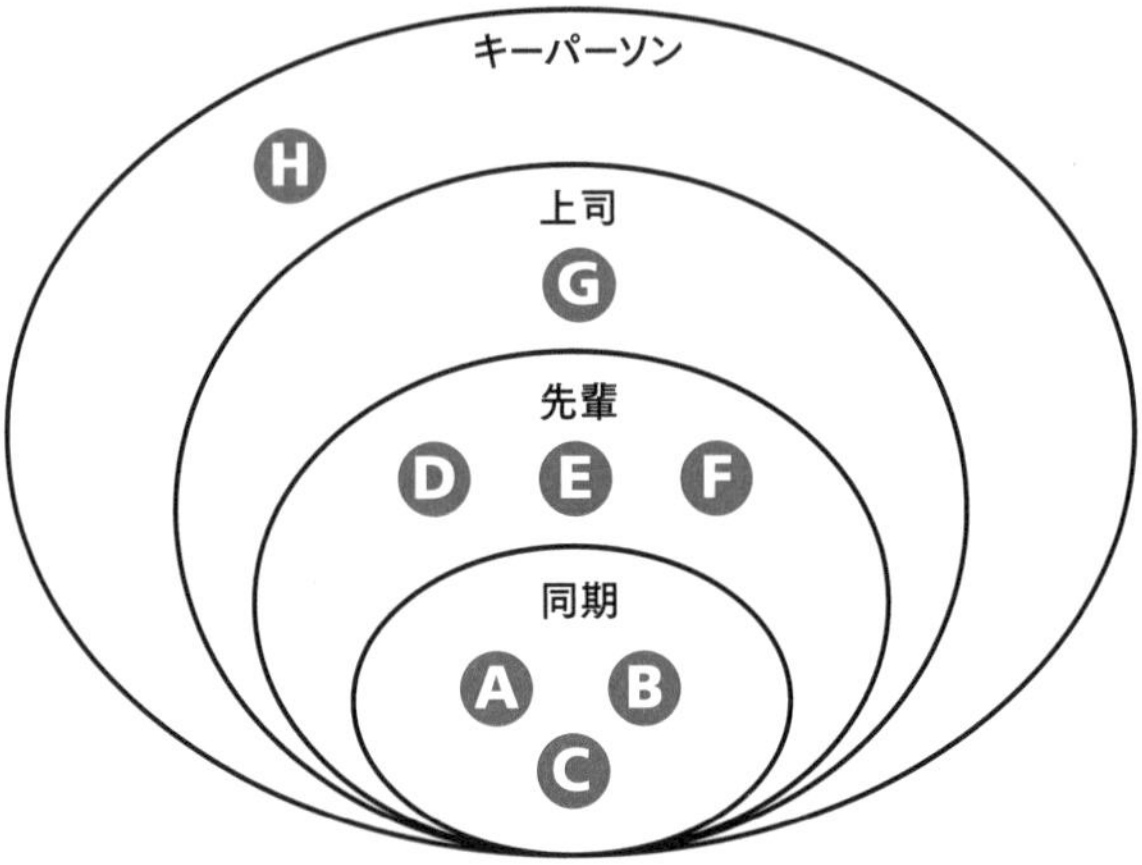

ていくかというと、図33を見てください。

図33のように「同期」「先輩」「上司」「キーパーソン」のように分けて、名前を洗い出してください。洗い出すと「やりたいこと」が実現できていない理由があぶり出されてきます。

例えば、企業様でワークとして実施すると実現できない理由として、3つの回答が多い傾向があります。

1.「同期」や「先輩」までは伝えているが上司にはブレーキがあり伝えていない

2.「キーパーソン」は、部長以上のことが多く伝える機会がない、もしくは

「キーパーソン」が誰かを知らない

3. あなたの「やりたいこと」を伝えてはいるが「同期」以外の理解度が低い

などの理由が挙げられます。1は、シンプルにあなたの「やりたいこと」を上司に伝えていきましょう。職場で伝えていると、「ドラゴンクエスト」のように急に「有益な情報をくれる人」が現れたり「冒険を進めるための要になる人」に出会ったりします。そんな方々に対して目星をつけて「関係深耕」を楽しんで行っていってください。

「やりたいこと」によっては否定的な人もいるかも知れませんが、その中でも応援してくれる人が現れたときの高揚感は何ものにも代え難いものがあります。

ポイント 「やりたいこと」をどこまで伝えているか把握する

◇ 職場の人間関係は屈折していることを前提として考える

ただ、理由が2の「伝える機会がない」であれば「キーパーソン」に伝えるために、ど

図34◆社内の相関図

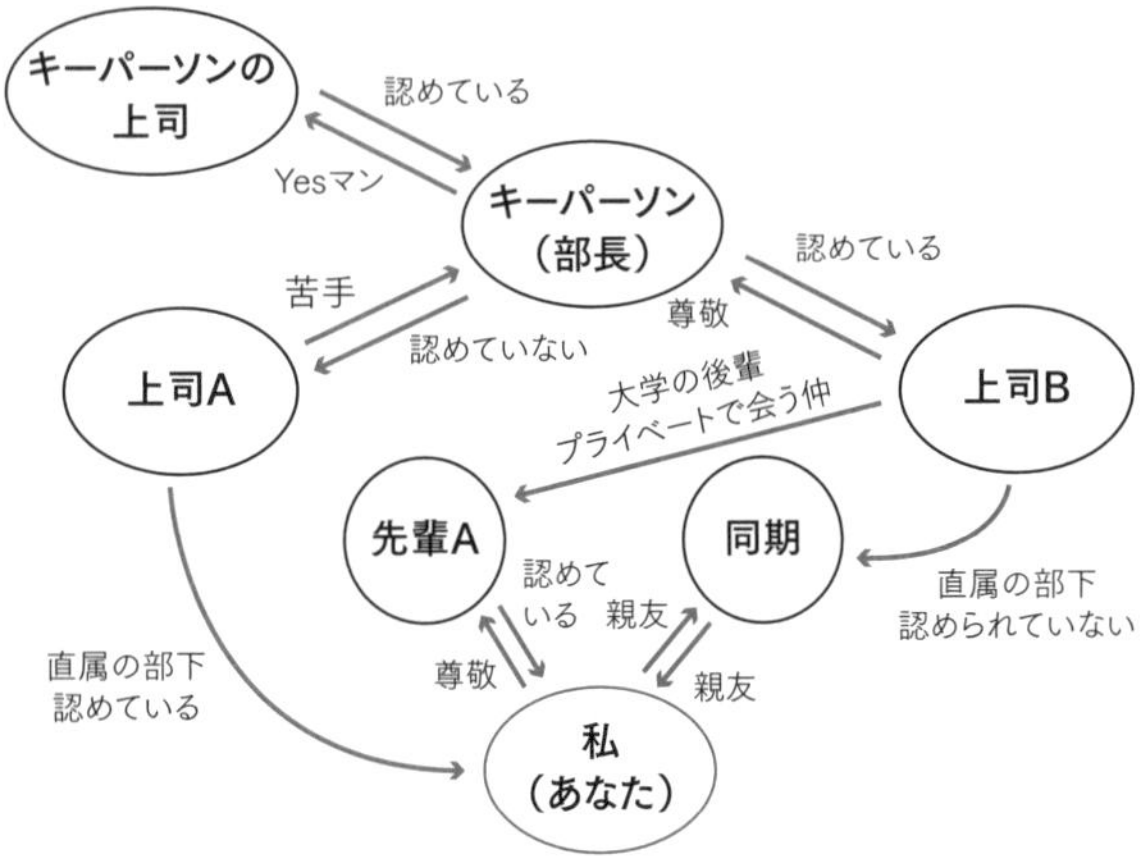

のようなルートが最適かを考える必要があります。なぜ、社内にもかかわらず最適なルートを考える必要があるかというと、職場には必ず屈折した人間関係が存在しているからです。

この図34は、私が実際に社会人として働いていた頃に作成した社内の相関図の縮小版です。当時の私の「やりたいこと」は、第3章でご紹介した中北軍団を会社の福利厚生にすることでした。そのために、**「キーパーソン」に対しての最も有効なルートを模索していた**わけです。

さて、ここで問題です。この図34を見て、あなたの「やりたいこと」を「キーパーソン」に伝えるための最も有効なルートを考えてください。

【失敗する解答例】

●よくある失敗1：「直属の上司A」に「キーパーソン」に対して伝えてもらうことで失敗するルートです。図34でも分かるように「直属の上司A」が「キーパーソン」に対して最適なルートだとは限らない可能性があるということです。

●よくある失敗2：「同期」は良き理解者のため、「上司B」を介して「キーパーソン」に伝えてもらうルートです。これは、「頼みやすい」というだけで「同期」にお願いしてしまい結果的に何も動かない状態となってしまったわけです。

【成功する解答例】

○成功するパターン1：「先輩A」を介して「上司B」に繋ぎ、「上司B」から「キーパーソン」へ伝えるルートです。屈折している関係の中では、誰から言われると有効かを見極める必要があります。つまり、遠回りのルートの方が最善なときもあるわけです。

○成功するパターン2：「キーパーソンの上司」に対して直接連絡を取って「キーパー

ソン」に伝えてもらうルートです。「キーパーソンの上司の性格」や「会社自体がオープンな風土」であれば有効な一手となる可能性は大いにあります。

このように「上司」だから大丈夫だろうと安易に考えず、あなたと同様に人間関係で悩んでいることを前提として進めていけると最適なルートを模索しやすくなります。

また、模索する中で相手を観察していく必要があります。

観察の仕方として**「個人としてどうか」だけではなく、周囲との「関係性」も把握する**必要があるわけです。ついつい、「個人はどうか」だけで判断することが多いと思いますが、「やりたいこと」を実現するためには、相手の影響力の範囲まで観察するようにしましょう。

このようなことを観察し、相関図を描いていると自分の**「やりたいこと」を実現するために「関係深耕」をするべき相手**が鮮明に見えてきます。ちなみに、副産物として、キーパーソンを探り自分のやりたいことを通すために応援してくれる人を増やしていると、出世するルートもいくつか見えてくるはずです。

余談ではありますが、私が、お笑い芸人を諦めて中途入社した会社で最初にやったことが、**人間関係の相関図を作成**することでした。誰と誰がどんな関係性なのかを把握し、無駄なコミュニケーションエラーや人間関係のトラブルに巻き込まれないために図解をしていました。

描いてある内容は4つで、「①誰と誰の間に好き嫌いがあるか」「②誰と誰の相性が良い・悪いのか」「③誰を押すと誰が動くのか」「④誰の意見が主に通りやすいか」など、相互の相性や全体の関係性を把握することをしていました。

ちなみに、観察以外の手段で把握することもできます。第3章でご紹介した「口軽いモンスター」に聞くのが手っ取り早いです。噂好きなこともあり社内の人間関係の特に屈折した部分をなんでも教えてくれます。ことわざにもあるように「バカとハサミとモンスターは使いよう」です。

さあ、「関係深耕」するべき相手を見極めるために、あなたのファンを作るために楽しみながら相関図を作ってみてください。職場の仲の良い同僚と数名で出し合えば意外と簡単に作成できるはずです。

ポイント **職場の相関図を描いてみる**

◇ワクワクさせる「やりたい」は面白い言葉でできている

さて、本章で最も重要である「⑤あなたの『やりたい』を聞くと相手はワクワクするのか（応援したくなるのか）」について深掘りしていければと思います。

私の職業柄、企業で働く方と面談などを行い「やりたいこと」を聞いていると、「どこかで聞いたことあるな……」とか「誰にでも当てはまりそう……」とか「結局、何がしたいんだろう……」など、**あまり応援したいと思えないものが多い**のが正直なところです。

具体的に、応援したいと思えない理由としては、どこかで聞いたことがあるような言葉が並んでおり、背景にあるストーリーもありきたりな印象を受けてしまうところにあります。

どこかで聞いたことがあるという感覚を一番イメージできるのは、新入社員の採用面接などをしているときに「サークルの副部長をしていまして……」などの枕詞から始まる話で、今まで何度聞いてきたか分かりません。あの感覚と全く一緒です。

もちろん、「やりたいこと」を聞く中で、「実現したい」という思いの強さも人によっては足りない、と思うところもありますが、それ以前の問題と捉えています。

このような話をすると**「やりたいこと」自体を誰かのニーズに合わせたようなものに変**

化させようとする人もいます。それでは、実現できたとしても意味がありません。勘違いしていただきたくないのは、「やりたいこと」そのものを変えてしまっては意味がありません。そうではなくて、「やりたいこと」は変えずに、発信する言葉の表現を変える必要があるわけです。

それでは、相手が応援したくなるような言葉にはどのような要素が含まれているのでしょうか。具体的に5つの要素を紹介していければと思います。

1．違和感が残る言葉を使う

耳馴染みが良い言葉は、頭に違和感なく入ってきます。それと同時に、**頭からすぐに抜け落ちてしまいます。つまり記憶に残らない**ということです。例えば、「楽しく働ける会社を目指します」と聞いて「え……何かおかしい……」と違和感が残る人はいないのではないでしょうか。

誰しもが少しは望んでいるし、誰でも言えそうな言葉だからです。ただ、「中北軍団は、会社の福利厚生を目指します」と言われると違和感が残ります。このような、相手の興味関心を惹く言葉を選ぶ必要があるわけです。

2. 少しだけ面白味を入れる

「違和感の残る言葉を使う」と近しいものではありますが、「やりたいこと」を言葉にしていくときに熱がこもり自分に酔って「カッコいい言葉」を使いたがる傾向があります。特に多いのは、横文字を使用するケースです。例えば、「コミットを高める」「インフラとなる」など、街の商店街で一回も聞いたことがない言葉を使ってしまうわけです。

「クスッとくる」ような少しズラした言葉を選ぶことを心がけてください。なぜ、少しだけ面白味を入れて、「クスッとくる」言葉にする必要があるかというと、そうした方が記憶に残る言葉となるからです。

3. 自分がメッセージを届けたい人が共感する言葉を使う

誰にでも共感される言葉は、誰の記憶にも残らない言葉です。ある人からは馬鹿にされるが、ある人からは絶賛される。そんな言葉を選ぶことで「応援したい」と本気で思ってもらうことができます。あなたがメッセージを届けたい人はどんな言葉を好みますか？

4. 背景のストーリーに独自性がある

広告のキャッチコピーのように短い言葉だけで打ち抜くことが理想ですが、センスの世界であるが故に扱いきれません。そのため、あなたが「なぜ、やりたいのか？」の背景にあるストーリーに独自性を込めて語る必要があります。**独自性を相手に感じさせるためには、「自己開示」が一番簡単な方法**です。あなただからこその「やりたいこと」であることを背景のストーリーで伝えてください。

例えば、株式会社俺の事業の一つでもある、お笑い芸人からの転職支援「芸人ネクスト」では、**「夢諦めたけど人生諦めていない人のために」**と「やりたいこと」を掲げています。なぜ、このような「やりたいこと」を掲げているかというと背景のストーリーは、自分自身がお笑い芸人としての「夢を諦めた」ところにあり、それでも「長く続く人生は諦めない」という意志の表れでもあります。

ただ、同期のお笑い芸人たちは夢を諦めるのと同時に、自己否定をして人生に対しても無気力になり諦めてしまっていました。だからこそ、「夢諦めたけど人生諦めていない人のために」を掲げて事業を立ち上げました。ちなみに、このストーリーを語り株式会社俺では株主より出資が決まっています。このような自分ならではのストーリーを語ることが重要です。

5. 自分が口にして気持ちが良い

最後は、やはり自分が口にしていてしっくり来なくては熱もこもらず人が動くことはありません。聞いたことがあるような言葉の方がしっくり来るのであれば、意志を貫くのも重要だということです。

ぜひ、この5つの要素を使いながら「関係深耕：この人の力になりたい」を獲得していってください。ちなみに、この要素は起業家が採用メッセージを発信するときに活用しても非常に有効です。なぜなら、「多くの応援してくれる人」を作ることが目的ではなく、本当に共感をしてくれファンとして末長く応援してくれる人を作るためのノウハウだからです。

ポイント **違和感のある言葉を使っているか？**

◇株式会社俺の中北が10年後にやりたいこと

最後に、私の10年後までに実現したい「やりたいこと」を書いておきます。

それは、**「国を作って、王様になる」**ことです。これは比喩ではなく、本当に実現しようと今から準備を始めています。

私が、いつもイメージして心を躍らす王国での一ページは、その王国には株式会社俺のホームページにもあるような中北の銅像が立っています。その国には、気の合う仲間が集まり、自分達の意志を持って暮らしています。

広場で遊ぶ子供たちは、中北を見つけると質問してきます。

「ねぇ王様、どうしたら王様みたいになれるの？」

そんな質問に対して、私ならなんと答えるのか……。そんなことを考えながら未来実現のために、準備をしているわけです。こんなことを語っていると私が目指す中北王国は「日本国の福利厚生」を目指しているのかもしれませんね。

この「やりたいこと」を伝えると「え……なにそれ……」と明らかに引いたような表情をする人と、「面白そう！」と目を輝かせる人に二極化します。しかも、「面白そう！」と目を輝かせる人は非常に少ないです。

この反応が、違和感があり独自性がある「やりたいこと」の最も正しい反応です。**万人に理解されることは、誰かがすでにやっていて手垢がべったりついているもの**です。もはや、そこには成長の余地すらないでしょう。

ぜひ、一度活用してみてください。今まで「やりたいこと」を話してきた周囲の反応が変わること間違いなしです。

ポイント　万人に理解されることには、成長の余地はない

第5章のまとめ

1. 自分のファンを作ると、やりたいことが実現に向かっていく
2. 「やりたいこと」をやる条件を満たす
3. 「やりたいこと」が常にある必要なない
4. どこまで「やりたいこと」を伝えているか把握する
5. 職場の相関図を描いてみる
6. 違和感のある言葉を使っているか？
7. 万人に理解されることには、成長の余地はない

第6章

自分らしさを知り、行動継続を楽にする

さて、今まで関係構築における3つのフェーズでのスキルや考え方について触れてきました。しかし、おそらく、第1～5章を読んで行動が変わり、コミュニケーションの達人になる方はこの世には存在しません。

ほとんどの方が、**行動が変わらず、コミュニケーションへの苦手意識を克服することなく、棺桶に入っていく**のだと思います。おそらく人生最後の写真である遺影ですら笑顔一つないでしょう。

そんなあなたが、コミュニケーションへの苦手意識を克服し、職場での日常を少しでも楽しく過ごすためには、方法は一つしかありません。

それは、行動を継続することです。そして、行動を継続するためには、あなたならではの「目的」が絶対に必要となります。

なぜかというと、あなたがコミュニケーションへの苦手意識を持ちながら、行動を継続することは、「何となく、ふら～とやってたらできました」という曖昧なもので実現できるほど甘いものではないからです。

簡単に折れて日常の自分に逆戻りです。無理してコミュニケーションを取っていたリバウンドから、以前よりも人見知りが増す可能性すらあります。

だからこそ、自分ならではの「目的」を作り、成功体験が積めない日々でも耐え、行動を継続する自分を作る必要があるというわけです。では、具体的にどうすれば「自分らしい目的」が作れるのでしょうか。

ポイント **継続しなければ、コミュニケーション能力は磨かれない**

◇自分らしさを殺す、幕の内弁当戦略はとらない

まず前提として、「自分らしい目的」を設定するためには、「すべての人から好かれることを諦める」ことから始めることが重要となります。

さて、この考え方への理解を深めるために一つ問題を出します。

秋元康氏の「記憶に残る幕の内弁当はない」という言葉があります。今まで食べてきたお弁当を思い出してください。

Q1：あなたの記憶に残る「幕の内弁当」はありますか？

Q2：あなたの記憶に残る「焼肉弁当」はありますか？

Q1を聞いて、思い出すだけでヨダレが出て、また食べたいなと脊髄反射のように思ってしまうような幕の内弁当はありましたでしょうか？　ほとんどの方が、そこまで食べたいと思う幕の内弁当を思い出せないのではないでしょうか……。あれだけ、色んな具材が入っており、少しずつ美味しいものが食べられるという夢のような設計で、誰からも嫌われない非常に効率の良い弁当にもかかわらず、後から振り返ったときに記憶に残らないんです……。

Q2を聞いて、叙々苑の弁当を思い出す方も多いと思います。焼肉がドカンとのっており、おそらく少食の女性からすると胃もたれの印象しかなく敬遠されるでしょう。ただ、ガッツリいきたい男性、もしくはリッチにいきたい方からは絶対的な支持を集め、さらには後から振り返ると記憶にも残り、しかも熱烈に「食べたい！」と選ばれます。

つまり、**「全ての人から好かれる人になる」ということは「特徴を失う」可能性が非常に高い**ということです。深夜番組では面白かったバラエティが、ゴールデンに移行したら規制やより多くの人を対象とした番組作りなどが理由で尖りがなくなり、面白くなくなり打ち切りになる原理と非常に近いです。

加えて、「全ての人から好かれること」は不可能だと理解してください。

なぜならば、「好き」というものは価値観だからです。一人ひとり価値観が違う中で、好きという価値観を全員から向けられるなど不可能なのです。

例えば、明石家さんまさん。ほぼ、日本中の方が知っていると思います。50年間第一線で活躍し続ける明石家さんまさんですら、あまり好きではないと思っている人が存在するという事実があります。元お笑い芸人の私からすると衝撃の事実ですが……。

さて、**人は基本的に「嫌われること」を恐れています**。社会という集団の中で生きることが当たり前のため、集団から外されないために「嫌われない戦略」をとることが当たり前になっていきます。

ただ、嫌われない戦略をとっているということは、**誰からも「大好きになられることはない」**ということです。このリスクを背負っていることを理解せずに結果的に嫌われない戦略をとっている人が多くいます。

ではなぜ、嫌われない戦略をとると相手から大好きになってもらえないのか……。それは、嫌われない戦略からくる行動は、「自己主張を控える」「誰かに合わせる」「目立たないように馴染む」などになることが多いからです。

この行動が故に、嫌われない戦略をとる人は、「優しい」「いい人」などの誰にでも当てはまりそうな、特に褒めるところが思いつかない人へ贈られる称号を得ることになります。自分らしさを求めているにもかかわらず、特徴がない人へと猫よりもまっしぐらになるわけです。

さらに、この戦略の怖いところは、人それぞれ個性があるにもかかわらず、周囲に合わせ「特徴」や「自分の欲求」を無意識のうちに薄れさせていきます。「特徴」や「自分の欲求」が失われていくことに違和感を覚えるどころか、世間一般の「普通」になることで安心感すら覚えてしまいます。例えば、「お金持ちになりたい」と思っていても、口にするや否や「浅はかで汚いやつ」のような目で見られ、出世したいことを口にするや否や「意識高い系」などの通称で呼ばれ始めます。すると、「自分の欲求」を抑えてしまい、横並びの同調圧力の渦に飲み込まれていくわけです。

このような戦略から人は**知らぬ間に「自分らしさ」から遠く離れてしまっている**のです。私も、お笑い芸人時代に非常に悩みました。人の記憶に残らないとお話にならない世界の中で、良い人では印象が薄く生き残ることができません。「大好き」を狙いにいく必要があります。

ただ、**大好きを狙うということはリスクをとる**ということなので失敗もあります。せっかくなので具体的に豪快な失敗例をお伝えすると、子供の頃からテレビで見ていたある先輩の飲み会に参加させてもらった時に、どうしても可愛がられたくて「失礼なことを言う」という戦略をとったことがあります。

なぜこの戦略をとったのかというと、飲み会には旬の一発屋芸人さんや錚々たる芸人の方々がいました。さらには当時現役の日本代表のサッカー選手までおり、一般的な若手芸人であれば萎縮して「無口でやり過ごす」「気が利く後輩」という「特徴」や「自分の欲求」を抑える選択をするしか方法はありません。

私の考えは違います。

これはチャンスだ！　幕の内弁当になるくらいなら、リスクをとってでも「焼肉弁当」にならなくては意味がない……。

飲み会の中盤、思い切ってサッカー日本代表の方に、お酒の力も借りて「○○さんって、サッカーうまいんすか？」とぶっ込んでみました。

一瞬、場が凍りました。

面白くもなく、ただ失礼なだけ。正直、死んだと思いました……。

しかし、芸人の先輩方のおかげで笑いへと変わり、何とか無事に終わりました。しかしその会に、二度と呼ばれることは無くなりました。憧れている先輩の会に行けなくなったことは非常に寂しく、後悔もあります。ただ当時、飲み会にいた旬の一発屋芸人さんの言葉を借りるのであれば、今となれば私の人生において「そんなの関係ねぇ」ということです。

それほど、リスクをとる必要があるのかという意見もありますが、「良い人」と認識されても次はありません。だからこそ、**リスクをとってでも「大好き」をとりに行くために「自分らしさ」を発揮する**目的と戦略を描く必要があるのです。なぜならば、第1章で触れたように、相手もあなたのことを「人生にとって必要のない人」と分類する可能性の方が高いからです。

ポイント **嫌われない戦略とは、誰からも大好きになってもらえない戦略**

◇自分らしい目的は、煩悩から作られる

では、ここからは「自分らしい目的」をいかにして作るのかを解説していければと思います。ぜひ、ペンとノート、もしくはスマホのメモを出していただき一緒に深掘りしていきましょう。

さて、**どうすれば「自分らしい目的」を作れるのかというと、「煩悩」に耳を傾ける**ところから始めてください。煩悩と聞くとネガティブなイメージを抱く方も多いのではないでしょうか。しかし、この煩悩というものを蔑ろにしてはいけません。自分らしい目的を作るために非常に重要な情報となります。

煩悩にはどのようなものがあるのかを具体的に説明していくと１０８個伝える必要があるので、別の言葉で言い表すと受け入れやすいと思います。

それは、「欲求」です。

つまり、煩悩とは自分自身が欲しているものであるということです。特に、ドロドロとした欲求にこそ自分自身の偏りが如実に見えてくると考えています。例えば、「怒り」や「コンプレックス」や「嫉妬」のようなおおよそ人に話したくないような類いのやつです。

ただ、嫌われない戦略をとっている方が多い世の中では、自分の欲求を口にすることが

悪とされています。そのため、今の自分が「どんな人物で」「どうなりたくて」「何を得れば満たされるのか」など、到底思いつきません。また、今の自分が「苦痛を感じているのか」「辛いのか」すら、分からなくなってしまいメンタルダウンを起こしてしまう方が多くいらっしゃいます。

では、どうすれば幼少期に全ての人間が持っていた、**「①欲求を思い起こす」「②欲求を絶やすことなく行動を継続する」**、さらに**「③欲求の解像度を上げていく」**ことができるのでしょうか。

ここからは具体的に①〜③の方法についてお伝えしていきます。さあ、あなたという人間の汚い部分を解放していきましょう。

ポイント　失われた子供の頃の欲求を取り戻す

◇過去から呼び覚ませ！　あなたの「自分らしさ」

さて、1つ目の**「①欲求を思い起こす」**方法を紹介していきます。イメージが湧きやすいように図35を用意しました。

図35◆自分の根本を整理する

	過去	現在
好き		
喜び		
嫌い		
怒り		

「欲求」と聞くと「やりたいこと」など、難しく捉えがちですが、根本を辿ると「好き・嫌い」でしかありません。好きを洗い出すことはあっても、嫌いに触れることは意外と少ないのではないでしょうか。**嫌いを言語化しておくことで、より好きの解像度が増していきます**。

なぜかというと、「好きなもの」の中には、「好きなこと」と「嫌いなこと」の両方が含まれているからです。

具体的に私の場合でいうと、「お笑い芸人」という好きなものがあり、実際にお笑い芸人になりました。

ただ、私なりにお笑い芸人というもの

を「好きなこと」「嫌いなこと」に分解していくと……、

Ⅰ. 好きなこと：人を笑わせること
Ⅱ. 好きなこと：有名になれること
Ⅲ. 好きなこと：お金持ちになれること
Ⅳ. 嫌いなこと：売れるまで深夜アルバイトで貧困生活を送ること
Ⅴ. 嫌いなこと：売れなければ周囲から舐められ続けること

他にもたくさんありますが、「好きなこと」と「嫌いなこと」が混在しています。「好きなこと」だけを継続してやることができれば良かったのですが、売れるまでは「嫌いなこと」の分量の方が多く、精神的にもネガティブなことを考え出し、結果的に続けることが困難な状況へと追い込まれていくわけです。

　私の場合は、レンタカー店でバイトをしていた頃に深夜2時に外で車を洗いながら、**「この状況が45歳まで続いたら俺の人生はどうなってしまうのか……」**。そんな恐怖が、売れない日々が長くなり年齢を重ねるごとに襲ってくる間隔も短くなってきていました。これが、私が追い込まれていったカラクリでした。

さて、ここからは改めて図の洗い出し方についてお伝えしていきます。

①過去の「好き」「嫌い」を洗い出す

なぜ、現在からではないかというと前段部でもお伝えした通り、欲求がそもそも思いつかなくなってしまっている人が多いからです。そのため、過去の幼少期、学生時代、新入社員の頃、どこの切り口でも結構です。当時、自分が好きだったこと、嫌いだったことをたくさん洗い出してください。

②過去の「喜び」「怒り」を洗い出す

「好き」の中でも、実践していると「喜び」や「嬉しさ」を感じた経験やエピソードを洗い出してください。それと同様に、「嫌い」の中でも特に「怒り」や「コンプレックス」を感じた経験やエピソードを洗い出してください。

この①と②と同様のやり方で、現在も洗い出してみてください。そして、洗い出したものをもとに、注目してもらいたい、特に私が重要だと思うのは「怒り」や「コンプレックス」です。

◇誰かのため……とかもうええわ。怒りが原動力

なぜ、「怒り」や「コンプレックス」が重要かというと、その背景には「自分らしい目的」が存在している可能性が非常に高いからです。「？」が頭の上に２００個ほど浮かんでいる方もいらっしゃると思うので具体的に説明していきます。

例えば、分かりやすいところで職場でよくある「怒り」や「コンプレックス」をイメージしてください。

①怒り：若手社員がどんどん辞めていく
❶自分らしい目的：若手社員が活躍できる組織が良い
②怒り：仕事量のわりに給料が安い
❷自分らしい目的：仕事量や成果に見合った給料が欲しい
③怒り（自分への）：小学2年生からの夢だった芸人として売れなかった

❸自分らしい目的：人生諦めず、他の方法で有名になりお金持ちになる

というように、怒りの背景には「こうなってほしい」や「こうしたい」という欲求が隠されており、その欲求より相手もしくは自分が、下回っているからこそ満たされず「怒り」や「コンプレックス」の感情が沸き起こるわけです。

改めて、あなたが過去感じてきた「怒り」や「コンプレックス」、そして現在感じている「怒り」や「コンプレックス」はなんでしょうか。そして、**その背景にある「自分らしい目的」はどのようなものでしょうか**。自分に問いかけてみてください。

「小学校の頃に諦めたことは何か」
「親から反対されて断念したことは何か」
「現実的じゃない……と、普通になろうとしてやらなかったことは何か」
「周囲から批判的な言葉を受けてやめたことは何か」
「年齢を言い訳にやらなかったことは何か」

「常識」という世間の一般的な意見を知らなかったからこそ、無知だったからこそ、描いていた自分らしい目的が見えてくるはずです。そして、それは一つではない可能性が高いです。

ちなみに、私の自分らしい目的は「元お笑い芸人だけあるな」というものでした。

・「自己顕示欲を満たしたい」
・「大金持ちになりたい」
・「時代を作れる人になりたい」
・「国を作り王様になりたい」
・「夢諦めたけど人生諦めていない人のために人生を使いたい」
・「社員が真面目にふざけられる会社を作りたい」

など、経営者という立場から利己的と利他的が混在しています。利己的のみでも恥じず本心で書き出してください。

人は、お金が欲しいと口にする人のことを汚い奴や浅はかな奴と見てしまうことが多くあります。利己的なことを口にする人のことを「自己中心的」と揶揄します。今まで私も、学生時代に数千回以上言われてきました。何度も悩みましたし改善しようと試みたこともありましたが、今ではどうでも良くなりました。なぜなら、経営者になった今では、「自己中心的」と揶揄されることは一切なく、「大胆なビジョンを持っている」と評価されるからです。

人の特徴は、立場や役割によって、長所とも短所とも取れるように変化していきます。加えて、人の評価もすぐに変わってしまうほど、ほとんどが意味のないものということです。

誰でもない、尊敬もしていない人の意見など無視しましょう。

余談ではありますが、こんな私も自己顕示欲が強いことを自己開示することが怖かったことがあります。「器が小さい人と思われたらどうしよう……」と自分にブレーキをかけていました。そこで、器が小さく思われないように自己顕示欲を表現する方法はないかと考え、私が経営する株式会社俺のホームページを自己顕示欲で埋め尽くしてみました。

こちらが株式会社俺のホームページのトップ画（アニメーション）です。この絵が何を

意味しているかというと、将来の株式会社俺の姿をイメージして作っています。

株式会社俺の未来の姿は、規模を拡大し街を作ります。その街のど真ん中に城を建て、その傍らの憩いの広場には自分の銅像を建てたいと思っています。

これを聞いてあなたはどう思いますか？おそらく、自己中心的な人だな……とは思わないと思います。**「この人は、一体何を言っているんだろう……」**と口角が少し上がり、半笑いになっている人もいるのではないでしょうか。

自己顕示欲などの自分の欲求を中途半端に開示すると笑えません。ただ、**徹底的に開示**

すると笑いへと昇華され、自己顕示欲が高いということを伝えるだけで笑いが取れるようになりました。今では、相手と関係開始する際に、使えるトークとなっています。

ポイント　怒りの中に、あなたのやりたい欲求が隠れている

◇「腑煮えくり返りノート」を作る

さて、2つ目に「②欲求を絶やすことなく行動を継続する」方法を紹介していきます。

意気揚々と目的を設定したとしても、なかなか行動を継続し続けることが難しいのが正直なところだと思います。特に、「怒り」や「コンプレックス」をもとに目的を設定すると、あるタイミングで必ず欲求を絶やすことなく行動を継続することが難しくなります。

なぜ、難しくなるかというと、3つの理由があると考えています。

①自己実現がなされていき「怒り」や「コンプレックス」が解消されていく
②大切にしている価値観の変化によって気に留めなくなってしまう
③月日と共に「怒り」や「コンプレックス」を忘れていく

①と②に関しては、自身の成長により解消されていくため、非常に幸せなことだと考えています。もう忘れて囚われのない自由な世界へ羽ばたきましょう。株式会社俺から卒業証書を授与します。

ただ、③に関しては全くの別物です。何も解消されず、何も実現されていないにもかかわらず、心のどこかで諦めて、見て見ぬふりをしてしまうわけです。③のようにならないため、ある数名のお笑い芸人の方々が実践していることがあります。

それは何かというと、**日々感じる「怒り」を記すノートを作ることです。そのノートは通称「デスノート」と呼ばれています。**

おそらく、テレビで南海キャンディーズの山里亮太さんやオードリーの若林正恭さんが、話をされているのを聞いたことがある方もいると思います。通称「デスノート」という呼び名があまりにも禍々しいので、私は「腑煮えくり返りノート」と少し変えて名づけています。

私が具体的にどんなことを記しているかというと、日々感じる「怒り」を記していくのですが、2つの観点で書いています。

1つ目は、**相手に対しての「怒り」**です。

・売れない若手芸人の頃に番組の作家にネタについてボロクソに言われたこと
・売れない若手芸人の頃に失礼な対応をしたグラビアアイドル
・社会人時代や経営者になり塩対応されたこと（仕事・プライベートの全てを含む）

など、具体的なエピソードや氏名が書いてあります。ただ、この内容に関しては、今となっては「怒り」を感じることは少なくなり、いい思い出となっていることが大半です。むしろ、**経年劣化していくことが正常であり、囚われないようにした方がよい人生を送れる**と思っています。ただ、人間そんなにも器の広い人ばかりではありません。私も、その中でまだ怒りを感じることを読み返し、「いつか見とけ！　バカ野郎！」と闘志を燃やすわけです。

ただ重要なのは、2つ目になります。

2つ目は、**自分に対しての「怒り」**です。

・売れない若手芸人の頃、重要な舞台で勇気が出ず一歩前に出られなかった自分
・小学校2年生からの夢であるお笑い芸人として売れなかった自分
・社会人時代に上司から引き継ぎを受けた会社様を能力が足りず失注してしまった自分
・経営者となりマネジメントが未熟で、社員に辛い思いをさせてしまった自分

など当時、自分に対して許せなかったことが書き記されています。**この怒りを忘れることは、自分の未来を諦めること**だと私は考えています。こんな情けない自分にならないために「怒り」を溜め込み見返します。そして、「このバカ野郎が！　やってやるぞ！」と情けない自分を一喝して一歩踏み出すようにしています。

ぜひ、あなたの忘れたくない「怒り」を「腑煮えくり返りノート」に溜め込みましょう。そして、全てを手放せるように欲求を絶やすことなく自分らしい目的を達成してください。

そして、一つだけノートを作るうえでの注意点をお伝えさせてください。それは、絶対

にノートを失くさないでください。自分への「怒り」だけならまだしも、相手の悪口がいっぱい書いてあると思うので、失くしたら大惨事になる可能性があります。外に持ち歩かないようにしてくださいね。そして、死ぬ前に燃やしましょうね。

ポイント　「相手に対して」「自分に対して」2種類の怒りを書く

◇煩悩を口にして育てる

さて、最後の3つ目「③欲求の解像度を上げていく」について紹介していきます。

絶対に知っておいた方が良い、よくある失敗を先にご紹介します。

本書に書かれている通りに目的や目標を洗い出し設定してみたけれど、具体的な目的になっておらず、後で見返しても**「結局、何がしたかったんだっけ?」**と頭を捻ることがよくあろうかと思います。

このような失敗に陥らないために、必要なことは「自分の欲求を人に話す」ということです。お笑い芸人から起業家という、人に話すことが生業と言っても過言ではない職業の私からすると当たり前のことだったのですが、この「人に話す」ということがいかに重要か、最近の自分の人生を通して分かってきました。実は、３つの強大なメリットが隠されていました。

・1つ目は、自分の考えを言語化すること

文章として書いてある目的も、人に話してみると想像を遥かに下回るほど伝わらなかったり、目的を人に話してみても気分が乗らないなどの不具合が生じます。また、具体化されていないことを相手に伝えることで質問され、言語化が促進されるなどの効果が見込めます。

・2つ目は、逃げられない環境を作る

先ほどから伝えていることではありますが、関係構築が本当に重要だと思っているにもかかわらず、いつの間にか諦めてしまい行動が継続しない人が多くいます。目的を絶対に達成するために人に伝えます。

例えば、私が人生で初めて人に伝えた目的は、「大学を辞めてお笑い芸人になる」ということです。当たり前の人生をある意味では自ら放棄する選択に恐怖を感じていた私は、決断ができるように決断しなくては情けない状況を自ら作り追い込んでいきました。この決断が人生初めての大きなチャレンジです。それ以降の多くの決断は、起業することなども含めて、意外と恐怖心なくサラッと簡単に決断していっています。

・3つ目は、仲間とファンを増やすこと

自分らしい目的を設定するということは、繰り返しにはなりますが誰かから嫌われてしまう可能性があるということです。一方で、偏った目的であるが故に強烈な仲間を作ることができます。

このように自分らしい偏りを持たせた目的を解像度高く話せるようになることで、仲間を作り、目的達成のために助けてくれるファンを作っておくことができるのです。

ポイント **言葉にする、人に伝える、で煩悩は成長する**

◇漫画の主人公を心の中に住まわせる

ここまで準備をして、いざ走り出してもご存知の通り、人生とは思い通りにいかないものです……。私も、何度打ちひしがれたことか……。

では、具体的にどれほど思い通りにいかないかというと、計画的偶発性という言葉を耳にしたことがあるでしょうか。スタンフォード大学のジョン・D・クランボルツという教授が20世紀末に提唱したキャリア理論のことを言います。クランボルツ曰く「**個人のキャリアの8割は予想しない偶発的なことによって決定される。**その予期せぬ偶然の出来事にベストを尽くして対応する経験の積み重ねで、より良いキャリアが形成される」そうです。

誤解がないように簡単に補足すると、人生が思い通りにいかないというのは不幸なことに見舞われ続けるわけではなく、**思いがけないほど良いことが起こることもある**ということです。ですので、悲観しすぎず咀嚼してもらえるとよいかと思います。

つまり、人生が8割思い通りにいかないことを憂えても仕方がないわけで、思い通りにいかない状況をどのように楽しみ前に進んでいくかが結局のところ重要だというわけです。

とはいえ……、人間そんなに強くはありません。そんな時のために、私は漫画の主人公を心の中に住まわせています。

例えば、漫画の主人公たちはどのように自分を奮い立たせているのかというと……、

- **『ドラゴンボール』**の孫悟空は強敵が現れると「オラ、ワクワクすっぞ！」とむしろ困難を楽しもうとするわけです。
- **『NARUTO』**のうずまきナルトは、強敵からボロボロに追い込まれ「諦めろ」と言われた時「俺が諦めるのを諦めろ！」と、どんな時も勝利を諦めないわけです。
- **『僕のヒーローアカデミア』**の緑谷出久は、「人は、生まれながら平等じゃない。これが齢四歳にして知った社会の現実。そして僕の、最初で最後の挫折だ」と才能がないことを言い訳にしないわけです。

こんな強靭なメンタルを持った漫画の主人公たちを心に住まわせてみてください。

私は、何度も挫折してきました。本当に、数えたらキリがありません。

・小学校2年生から憧れてきたお笑いの世界で売れなかったことがどれほど辛かったか
・社会人1年目で、全く成果が上がらずダメな自分に何度涙したことか
・会社を創業して売上が立たず存続の危機に見舞われ毎日プレッシャーで鼻血が止まらなくなった
・コロナの影響で仕事の5分の4が消滅し今後の未来を考えて恐怖で震えた

こんな思い通りにいかない辛い状況や恐怖で震えた時こそ、漫画の主人公だったらきっとこう言うだろうと想像してください。そして、ニヤリと笑顔を無理やり作り口に出して言います。

「フッ……、また面白くなってきたぜ！」


実際は、全く面白くもなんともない状況です。焦りすぎて冷や汗すら出ています。

しかし、ニヤリと口角を上げて笑顔で口にすることで心が少しだけでも軽くなります。

そして、また自分らしい目的を達成するために震える足で歩み始めてみましょう。

漫画ではないですが、株式会社俺　代表取締役　中北が悩み相談を受けた際に、相手を鼓舞するために必ず伝える言葉を贈ります。

「あなたならできる！」

さて、ここまでは、自分らしい目的を作れた人向けの話をしてきました。しかし、中には本当に全く思いつかない人もいると思います。

こんな私も、人生に目的がなくなり毎日を無為に消化していた日々があり、本当に「何をしていいのか分からない時期」が長きにわたってありました。そんな時期の中で、どのように自分らしい目的を見出したのかというと、3つの方法を駆使していました。

ポイント　逆境に立ち向かうための台詞を用意しておく

◇歴史に残りそうな名言っぽい言葉を100個作る

まず、お勧めなのが、**「名言っぽい言葉を100個作る」**です。名言ではなく、「名言っぽい」というところがポイントです。今から名言を作ろうとしても自分のハードルが上がりすぎてしまい、アウトプットを出すことに精神的なブレーキが発生してしまいます。
おそらく、名言の成り立ちも名言を作った本人から「これが名言です」と言われるわけではなく、周囲から「その言葉は素晴らしい」と認められるうちに歴史に残るほどの名言になったわけです。ただ、名言を残してきた歴史上の人物の言葉全てが名言だったかというと日常会話もあるわけで、「普通だな」というものも含まれていることは間違いありません。

歴史上の名言を出してきた人物でもハズレがあるわけなので、**名言っぽいと表現しハードルを下げ、自分の感じたことを普段から言語化する癖をつけてください**。私は、１００個をＳＮＳで発信し言語化とともに、第5章で紹介したようなファン作りを同時に行いました。ちなみに、どれくらいの期間で１００個作ったかというと「２０１６年3月9日〜２０１７年8月26日」の期間で作り終えました。かなり、手を抜いたハズレももちろん含まれていますが……名言っぽい言葉なのでご愛嬌ですね。

どのような名言っぽい言葉があるのかを、簡単に20個ほど紹介します。

①変化球ばかり投げようとするな。ストレートを投げれなければ、ただのノーコン
②環境を変えても何も変わらない。お前自身が変わらなければ
③坂本龍馬とか、そりゃすごいよ。でも、お前がすごくないって誰が決めたんだ？
④考えるな！　感じてから、考えろ！
⑤少年よ、大志を抱いたら、四の五の言わず、すぐチャレンジ
⑥リスクを取れ。リスクなきところに価値はなし
⑦せっかくやからビッグマウスで生きていこう
⑧成功者の話には、ヒントはあるけど答えはない
⑨人を嫌うということは、その人から嫌われるということ
⑩金で動かない人がいるとしたら、そいつは心が裕福だ
⑪しんどい時ほどチャレンジするしかない
⑫自分の弱さに向き合い続けられるのは強さだ
⑬誰が決めたんだ。正しいとか正しくないとか。規則正しいことに安心してるだけだろ
⑭１００年毎日８時間勉強しても東大に受かる気がしない。時間の無駄
⑮人生は基本的につまんなくできている。だから娯楽なんてジャンルがあるんだよ
⑯徹底的に悪口を言ってみる。何時間もかけて。

それでもソイツへの嫌悪感が収まらないなら、あなたの器はだいぶ小さい

⑰理論ってホント堅い。自分なりに砕いて使わないと、ただの文字の羅列にしか見えない

⑱嘘でもいいからありがとうって言っておけばいいのに。減るもんじゃないし

⑲金稼ぎたい！って言うことが悪みたいな風習とか、本当の目的はお金じゃないよね？的な問いとか、いらないから。まず金稼いでみないと分からないから

⑳仕事も楽しんではいけないと思ってんちゃうか？　とんだおバカさんだな

改めて、１００個を読み返しても、今の考え方の源泉になっていると感じます。このように**自分で感じたことや思いついたことを言語化していってください**。言葉にすればするほど、解像度が上がり研ぎ澄まされていきます。そして、確固たる自分が生み出されます。効果は、言うまでもなく、今の私を見ていただければと思います。良い意味で偏ってるでしょ？

ポイント　他人ではなく、自分の言葉で奮起する

◇コーチングではなく、「決めつけコーチング」をしよう

コンサルタントという職業柄、年間100名以上の方と面談を繰り返しているのですが、明確に「○○がやりたい」と解像度高く言える方は、かなり少ないのが正直なところです。

コーチング的なアプローチで、質問を通して今までの経験などから「何がやりたいのか」や、やりたいことがなくても「どうありたいのか」を相手から引き出そうと深く聞いていったところで、出てこないものは出てきません。なぜ、出てこないかというと、理由が次の2つのいずれかに当てはまるからです。

・1つ目は、過去のやりたいことで心が詰まってしまい出てこない

過去のどこかで「やりたい」と思ったことをやらずに放置したがために、過去のやりたいことで心が詰まってしまっており、新たなやりたいことを見出せなくなってしまっているからです。

この解決策は、過去のやりたいと思ったことを思い返し、今改めてやってみることが重要だと考えています。「バンドマン」「ケーキ屋さん」などもそうかもしれませんし、「お

菓子をたくさん買って食べる」など、当時のやりたいことが詰まってしまった年齢によって変わってくると思います。

・2つ目は、やりたいことを導き出すための経験が足りない

１個しか経験していない人と１００個も経験した人では、やりたいことを導き出す情報量が圧倒的に違います。つまり経験をするための行動量が圧倒的に足りていないことが窺えます。

この理由の解決策は、**多くのことを経験すること**です。手当たり次第、少しでも興味が湧いたことに対して飛び込んで経験を一心不乱に積むことをお勧めします。

はいはい。言いたいことは分かりますよ。

「それって無駄な時間になるのでは？」と考える方もいますよね。

結論、無駄な時間には絶対になりません。なぜならば、人生には、2つのタイミングが存在しているからです。それは、**「深める」**と**「広げる」**です。「深める」は、自分がやりたいことの目星がついた場合、のめり込むように没頭していくことで多くの経験をピンポイントで積むことができるわけです。

「広げる」は、自分のやりたいことの目星がついていない場合、「自分はやりたいことがない」と嘆くのではなく、視野や知識、経験を「広げるタイミングなんだ」と割り切って多くのことに興味を持ち行動を起こし、経験していく必要があるというわけです。

この2つのタイミングは、定期的に入れ替わります。「深める」にいたけれど、少し違和感を覚え「広げる」に移行したり、「広げる」にいたけれど目星がついてきて「深める」に移行したりと変化していきます。

「あなたは、今どちらのタイミングにいるでしょうか？」

さて、2つの理由の解決策は、いずれも「行動する」ことです。ただ、今までの延長線上の考え方のまま行動をしたとしても解決するまでに及ばないことがあります。つまり、バイアスに囚われている状態で行動したところで革新的な行動をすることは不可能です。そこでお伝えしたいのが、「決めつけコーチング」です。

決めつけコーチングとは何かというと、**株式会社俺が学習性無力感を突破するために開発した手法**のことを言います。

学習性無力感を簡単に説明すると、鎖に繋がれた象の話を聞いたことがあるでしょうか。

サーカスの象は、子象の頃から足を鎖でつながれており、サーカスから逃げられないことを学習していきます。いざ、大人の象になり力をつけたとしても、自分が無力であることを学習した象は逃げようとしなくなります。

この一連の学習による無力感を「学習性無力感」と言います。知らぬ間に、挫折や他者からの否定などを繰り返し経験するとサーカスの象と同様に自分が無力であることを学習してしまうわけです。具体的には、自分で行動を決めたとしても「これ以上は難しいかも……」「まあこのくらいでいいや……」「今の自分がすることではないかな」など、自分の限界を決めてしまい結果的に鎖を壊せなくなってしまいます。

そこで、「決めつけコーチング」を行い客観的に鎖とは全く関係のない他者から、無責任に行動を決めつけてもらうことで、思いもしない経験を得ることができるのです。

具体的に、今まで相談者にどのような行動を決めつけてきたかというと大小様々ですが、「やりたいことがない」という相談者がいた場合、「なりふりかまわず何かをやれ」ではなく「誰でもできる一歩から勧める」ようにしています。

例えば、そもそも「やりたいことがない」の多くは、世の中にどのような仕事があるのかを知らない人が多く、**「まずは『会社四季報』を読み、どんな仕事があり、どんな業界が右肩上がりで成長しているのかを調べてきてくれ」**などの一歩を決めつけます。

「こんな小さいことでいいの？」と思う方もいるかもしれませんが、世の中にある大きな会社も、どんな素晴らしいサービスも、「今日からできる小さな一歩の積み重ね」でき上がっています。そんな一歩を「決めつけコーチング」を通して、何度も決めつけることで成功体験を積むと、必ず「こんなことしてみようかな……」「こんな工夫できるかも……」などの自分の意志が芽生えてくるのです。

実際に、今まで１００名以上の方に「決めつけコーチング」を行ってきて、**「新規事業の立案を行ったことでプロジェクトリーダーに任命された」「お笑い芸人から転職して1年半で出世した」**など、想像以上の成果へとつながっています。

ぜひ、信頼できる他者や仲間に、「無責任でもいいから、私の伸び代の最大を想像してアドバイスをくれ」と伝えてみてください。あなたの鎖を壊す価値あるアドバイスが飛び出すこと間違いなしです。

◇あなた自身に新しいあだ名をつける

さて、自分らしい目的が思いつかない人向けに書いてきましたが、最後の3つ目は最も効果が高かったことをお伝えします。1つ目の「名言っぽいこと」も、2つ目の「決めつけコーチング」も楽しみながら実践することができます。

ただ、3つ目には真剣に取り組むことをお勧めします。なぜかというと、非常に効果が高いが故にイマイチなアウトプットを出してしまうと、必ずイマイチな方に引っ張られてしまうからです。この3つ目に取り組む上で、特に意識していただきたいのは、**「自分がワクワクするのか?」**です。真面目に楽しみながら考えてみてください。

それは何かというと「新しいあだ名をつける」です。

まず、名づけるということがいかに重要かについて触れていきます。例えば、あなたがペットとして犬を飼ったとしましょう。犬に名前をつけずに「犬」と呼び続ける方はまずいないのではないでしょうか。必ず名前をつけるはずです。なぜなら、名前をつけ育てることで、親近感や愛着が湧き、ペットから家族へと変化していくからです。仮に、「犬」と呼び続けると愛着が湧きづらいのが容易に想像できます。

つまり、**名づけるという行為は、人の意識を変化させる力を持っている**ということです。

さあ、あなたに、あなた自身があだ名をつけてみてください。念の為、イメージが湧いていない方のために、私の周囲であだ名をつけた方の例を出しておきます。

・**「次世代のエース」**：営業成果が出ず、はやく一人前の営業になりたい若手のAさん
・**「カリスマ読書家」**：本を読むことが苦手で、サボらずに本を読みたいBさん
・**「コミュ力モンスター」**：人と接することに苦手意識があるCさん

このように自分が設定した「あだ名」で周囲から呼ばれた時を想像して、ニヤリと喜びが込み上げるものがあなたに適しているものと言えます。ぜひ、楽しんで自分のことを名づけてみてください。必ずあなたが心躍る「自分らしい目的」につながるはずです。

ポイント **あだ名を侮ってはいけない。でっかいあだ名を自分につけろ**

第　6　章　の　ま　と　め

1　継続しなければ、コミュニケーション能力は磨かれない

2　怒りの中にあなたの隠れた欲求がある

3　「相手への怒り」「自分への怒り」２種類をノートに書き出す

4　言葉にする、人に伝えると、煩悩は成長する

5　逆境に立ち向かうための台詞を用意しておく

6　他人ではなく、自分の言葉で奮起する

7　インプットを増やせば、自然とやりたいことが見つかる

8　自分にとんでもないあだ名をつける

第7章

楽しく、心理的安全性のあるチームを作る

ここまで第1章から第6章まで「関係開始：この人は良い印象だ」「関係継続：この人をもっと知りたい」「関係深耕：この人の力になりたい」の3つのフェーズを解説し、そこでのスキルを継続するための方法をお伝えしてきました。

この3つのフェーズを超えていくと、当たり前のように出世していきます。あなたを応援する人が増え、会社はあなたにとって働きやすく変化していきます。あなたの意見は、今とは比較にならないほど通り、普段の仕事も成果が上がっていくことでしょう。

そして、あなたはマネージャー（管理職）へと昇格し、新たなステージへの挑戦が始まります。しかし、マネージャーは、プレイヤーとは一味も二味も違います。また、立場の変化とともに関係構築の目的ややり方にも変化が生じてきます。

あなたは、プレイヤーとして成果を出してきたが故に、良い意味でも悪い意味でも、やや仕事に対して天狗になっています。そんなあなたがマネージャーとなると、メンバーが仕事で失敗をすると「何故できないんだろう」や「これくらいできないと困る」と理想を押し付けるようなことを思うようになります。そして、チームが崩壊に向けてバラバラと音を立てていることにすら、気づかないような人に変わり果ててしまいます。

実は、全て私の話です……。

株式会社俺を立ち上げ、1作目の書籍『「ウケる」は最強のビジネススキルである。』もベストセラーとなり調子に乗っていたのでしょう。これだけ関係構築の大切さを語っているにもかかわらず、新しく入った社員の方は、私の「働くことに対する価値観」を押し付けてしまったが故に、すぐに辞めてしまいました。

中北軍団は、離職率を0％にしましたが、中北が立ち上げた会社の社員はすぐに離職する……。皮肉なものです。

そこで、改めて知りました。肩書きや実績などがついて、すごい人間にでもなったかのように思っていましたが、大きな勘違いです。

「私は、ただの中北である」。これを忘れてはダメだということです。

ポイント　マネージャーには、マネージャーとしてのコミュニケーション術が必要

◇マネージャーという可哀想な生き物

さて、あなたは「上司ガチャ」という言葉を聞いたことがあるでしょうか。上司ガチャとは、カプセルトイ（ガチャガチャ）のように開けるまで何が出るか分からないということをたとえて作られた言葉です。つまり、「部下は上司を選べない」という意味を含みます。

あるアンケート結果で「現在もしくは過去に正社員として勤めた企業において今まで上司ガチャに外れたと感じたことはありますか？」という質問に対して、81％の方が「ある」と答えています。

残念なお知らせではありますが、この日本という国には外れの上司が恐ろしいほど多くいるというわけです。ちなみに、「ある」と感じた上位3の理由を紹介すると**「指示が分かりにくく一貫性がない」「高圧的な態度を取る」「すぐ怒るなど感情的になりやすい」**というような当たり前な理由です。

ただ、本当にこれは上司だけの問題なのでしょうか……。

私は、このような「上司ガチャ」についてのアンケートを見ると、「本当かな……」と疑ってしまいます。「上司ガチャ」のアンケートは世の中に溢れていますが、上司の立場から見た「部下ガチャ」のアンケートはほぼ目にすることがないからです。

この疑いの背景には、コミュニケーションの根本は相互関係だからということがあります。たまに職場でもパワハラやセクハラをする悪人のような人もいるので全てではないにしても、大抵の場合は相互に言い分があるものです。

私の職業柄、多くの企業様とお話しする中で、相互関係が崩れてきているという声を非常に多く耳にします。もはや悲鳴に近い声です。

具体的に何かというと、**マネージャーが部下を「叱れない」**ということです。

このような問題が起こっている背景として、心理的安全性の重要性が間違って広がったことが要因の一つでもあると考えています。それは、心理的安全性という言葉は、部下のために使われることが多くなっており、さらには部下自身も心理的安全性を主張するため、「注意するとすぐ不機嫌になる」「言いすぎると辞める」などの事象が起こり、リスクを回避するためにも上司が「腫れ物に触る」かのように部下に接していることが多くなってきています。

ある会社様で聞いた話がこの事象を象徴しているので少し触れると……、

上司が会議で発言していない若手社員に対して「何か、発言ある？」と聞いたそうです。すると若手社員は「ないです」と答えたそうです。会議が終わると若手社員に上司は呼び出され、こう伝えられました。

「あんな心理的安全性がない場所で、意見を求めないでください」

この話を聞いて、あなたは何を感じますか……？

私は、「なんてマネージャーは、可哀想な生き物なんだろう」と心から思いました。働きやすさが謳われているからこそ、部下から仕事を引き取り残業を減らし、憧れないと陰で言われ、挙げ句の果てには上司ガチャに外れたと言われる。あまりにも、報われなさすぎやしないでしょうか……。

さらに追い打ちをかけるように若手の傾向として言われているのが、「厳しくても辞めるが、緩くても成長実感が得られずに辞める」という、「どっちみち、辞めるんかい！」と思わずツッコみたくなるような事象が起こっているわけです。

このような事象が起こっているが故に、**上司の心理的安全性は皆無となり、「叱れない」が加速していく**わけです。これでは、上司自身が仕事を楽しめるはずがありません。

ポイント　部下よりも、上司の方が生きづらくなってきている

◇好かれる上司の条件は、当たり前のことばかり

ここまで時代に沿ったマネージャーの現状を理解してもらうために、ネガティブ多めな話ばかりをしてきました。実は、もしかすると問題は、もう少しシンプルなのかも知れません。

上司ガチャのアンケートにはもう一つ質問があります。それは、「現在もしくは過去に正社員として勤めた企業において今まで上司ガチャに恵まれたと感じたことはありますか？」という質問に対して、70・8％の方が「ある」と答えています。

この結果を聞くと、日本という国の上司も捨てたものではないと思い直すことができます。

上位3つの理由を紹介すると「コミュニケーションが取りやすい」「人として尊敬ができる」「面倒見が良い」というマネージャーとして当たり前の理由ばかりでした。特に1位の「コミュニケーションが取りやすい」は、42・9％の方が回答しています。

図36◆関係構築には3つのフェーズがある（上司向け）

1	関係開始	（相手から） この人は良い印象だ
2	関係継続	（相手から） この人から学びたい
3	関係深耕	（相手から） この人の力になりたい

中原淳、小林 祐児、パーソル総合研究所著
『働くみんなの必修講義 転職学 人生が豊かになる科学的なキャリア行動とは』
（KADOKAWA、2021年4月）を参考に著者作成

つまり、**関係構築ができていることがやはり重要**なことが窺えます。冒頭でも伝えたように、マネージャーになるとプレイヤーとの関係構築の目的ややり方にも変化が生じてきます。これを押さえておくと、私のように部下が即刻辞めるような絶望に身を焦がすことがなくなるわけです。

私の心底からのお墨付きを添えて、具体的に、関係構築の3つのフェーズをもとに解説していければと思います。

図36にあるように、**「②関係継続：この人から学びたい」**という目的に今までとの違いがあります。これはなぜかというと、マネージャーの役割によるものが大きいです。

マネジメントする立場であるが故に、「この人から学びたい」と思われなければ「指摘」したところで、聞く耳を持ちません。そして、関係構築すること自体が難しくなっていくわけです。昨今の若手社員の傾向としては、**「見切りの早さ」**という特徴もあります。恐ろしいことに、自分にとって意味がないと判断した途端に、離職を考え転職会社に登録するスピード感を持っています。当然、立場の違いというだけで従う部下もいます。ただ、あなたが優秀だと思い「関係継続」し「関係深耕」していきたい部下は、そんな上下の関係だけで納得してくれるはずがありません。そんな程度では足りないはずです。

では、この「②関係継続：この人から学びたい」を部下から獲得するために一体何が必要なのでしょうか。マネジメントでは、個人へのアプローチも重要ですが、どのようなチームを作るのかも大切です。ぜひ、切り込んでいきましょう。

ポイント 上司も結局、コミュニケーション力

◇「上司とはこうあるべき」を遠くに捨てる

まず、一刻も早く変えなければならないことが2つあります。それは、**「①上司とはこうあるべきを捨てる」**。そして次に、**「②上司こそが仕事を楽しむ」**。この2つが重要となります。

それでは、1つ目の**「①上司とはこうあるべきを捨てる」**について解説できればと思います。

いつの間にか錯覚してしまうのですが、上司というだけで**「何でも知っていないといけない」「弱さを見せてはいけない」「仕事は真面目にやるものだ」など、思い込みが生じてしまう**わけです。また思い込みが生じる理由としては、部下からの「上司はこうあるべきだ」の厳しい要望が多くあることも要因になっています。

具体的に、若手社員からどのような要望が上がっているかというと、株式会社俺の中で研修や面談を通じて聞こえてきた具体的な声をいくつかご紹介します。

・最初のうちはギリギリ背伸びすればできるような課題を提示して、慣れてきたら難易

度の高い課題を提示してほしいと思っています

- 厳しい中にも愛のある指導。業務以外では親しく接してほしい
- 程良い距離感で雰囲気良く関わってもらいたい。また、褒めてほしい
- 仕事の話に限らず、プライベートの話もできるオンオフの切り替えがあるように接してもらいたい

このような耳を疑うほど、難易度の高い要望が聞こえてくるわけです。ただ、上司に求めることは多いけれど、自分から関わっていく意思は弱い傾向も窺えます。ここまで一方的な要望でないにせよ、あなたも一度は、「上司には○○してほしい」などの要望を感じたことがあるのではないでしょうか。

まずは、自分自身にも部下にも魔法のようにかかってしまっている「上司とはこうあるべき」という誤解を解く必要があります。つまり、「上司という肩書きだけで、何者でもない」ということを自己認知し、部下にも伝えていく必要があるのです。

なぜこのような恥ずかしくもあることを伝える必要があるのかというと、求められるリーダー像が変わってきているからです。

この2つのリーダー像を簡単に説明すると、図37のように、左が「キングダム型リーダ

図37◆2つのリーダー像

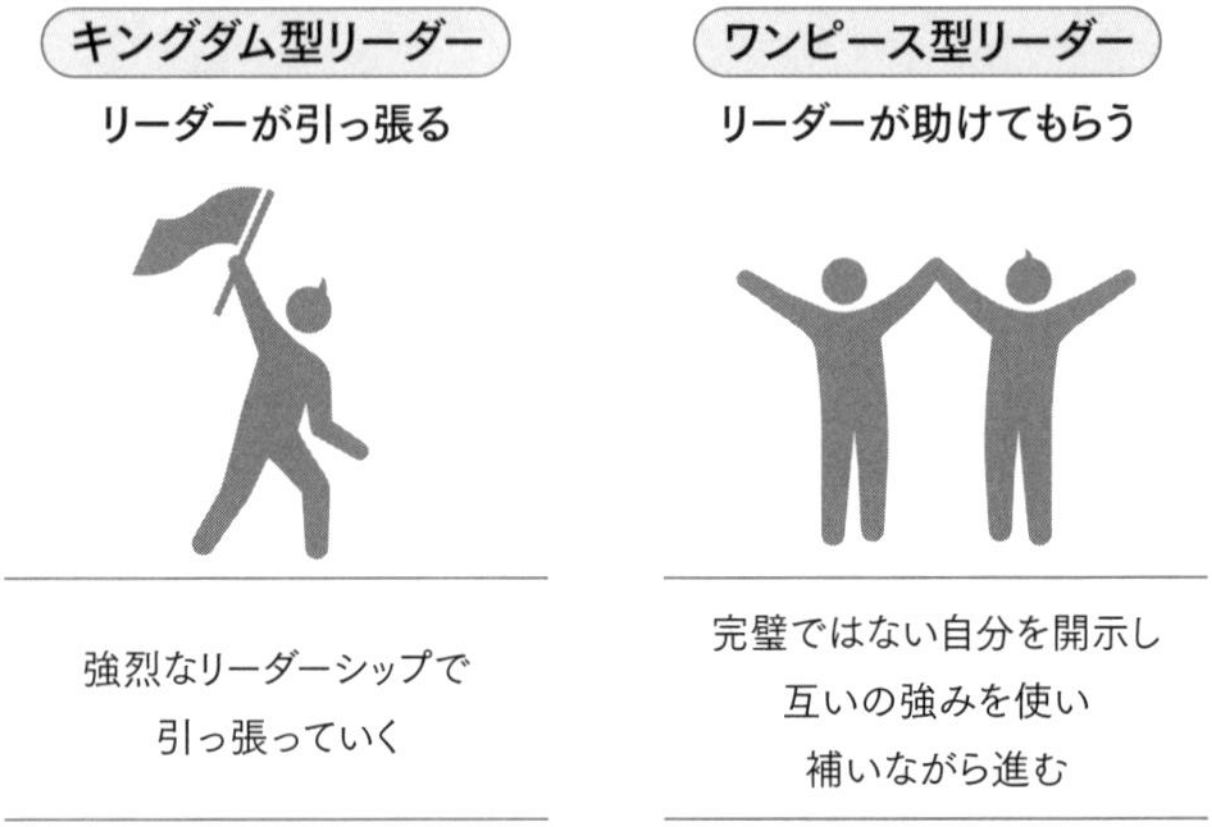

ー」で右が「ワンピース型リーダー」と分類することができます。

【キングダム型リーダー】

一人のカリスマが強烈なリーダーシップを発揮し、集団を引っ張っていく。また、集団の価値観は統一されており疑問を抱くことがない

【ワンピース型リーダー】

完璧ではないことを開示し、互いの強みを使い補いながら進む。また、集団の価値観はバラバラで統一を図ることが難しい。ただ、目指す方向は同じである

企業やチームのフェーズや施策を推進する

タイミングなどによっては、「キングダム型リーダー」も有効だと感じます。ただ、「リベラル」のような考え方が浸透する今では、「完璧なリーダー像」が一人ひとり違う中で、全ての人から完璧だと思われる**「全知全能の神のようなリーダー」になることは不可能**です。

だからこそ、「上司はこうあるべき」を捨て、恥ずかしながらで大丈夫です。「俺は、苦手なこといっぱいあってさ……」と自己開示してみてください。マネージャーが部下から求められる「コミュニケーションが取りやすい」をすぐに獲得することができるでしょう。

株式会社俺には、私より「優秀な方」がたくさん関わってくれています。苦手なことばかりの私は、正直に「苦手です」「助けてください」と伝えることを意識しています。もちろん、重要部分の意志決定や責任は、私が背負っています。私がもし、初めての社員が入社してきた頃と同じように「働く価値観」を押し付け、どうでも良いプライドを守るような人間のままであれば、とっくに全てが終わっていたと思います。

ポイント　部下を引っ張るだけが、上司の役割ではない

◇上司も仕事を楽しんで良い

それでは、2つ目の**「②上司こそが仕事を楽しむ」**について、解説していければと思います。前段部でもご紹介したようにマネージャーの置かれている環境は、「なんてマネージャーは、可哀想な生き物なんだろう」と思うほど過酷な状況です。

ただ、マネージャー自身が仕事を楽しめない状況を打破しなければ何も解決することはできません。結局、部下は**「仕事に熱中もせず」「不幸そうな顔」をして働くマネージャーを見て「この会社に未来はない」と感じてしまう**からです。そして、持ち前の見切りの早さを発動し、離職は止まるどころか、加速していきます。

本当に、このままでいいのでしょうか……。

当然、このままでいいはずがないことは、すでに知っているはずです。

あなたは、「経験から学ぶ力のモデル」という理論を聞いたことがあるでしょうか。経験学習の第一人者の松尾睦氏が伝える理論です。

簡単に説明すると、「思い」&「つながり」を大切にし、「挑戦し」、「振り返り」、「楽し

図38◆経験から学ぶ力のモデル

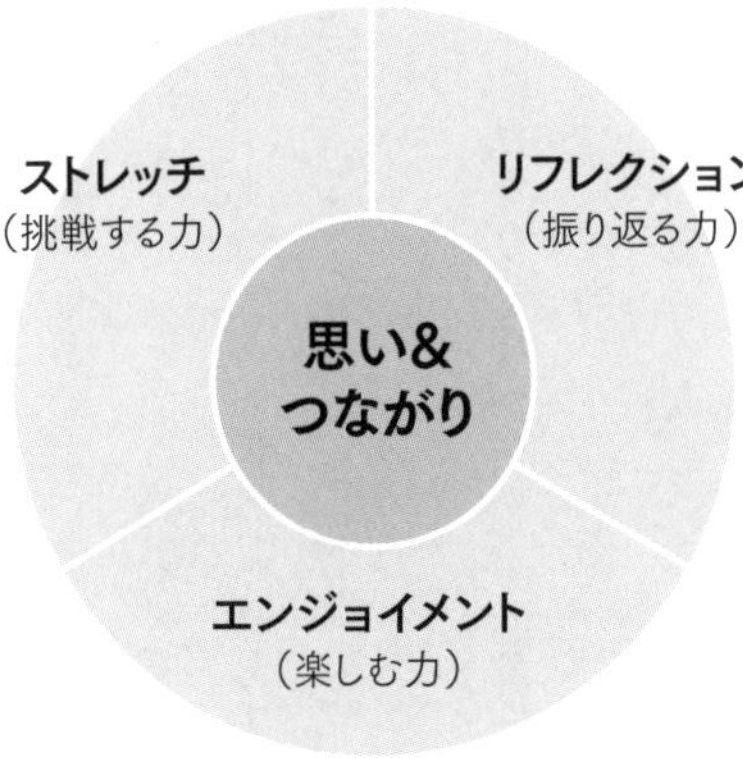

松尾睦著『職場が生きる 人が育つ「経験学習」入門』（ダイヤモンド社、2011年11月）

みながら」仕事をするときに、多くのことを学べるということを表しています。「思い」とは、仕事をするうえで大切にしている考え方や価値観であり、「つながり」とは、他者との関係性のことを指します。

つまり、マネージャーが「部下のため」という言葉を一旦横に置き、まずは、**自分自身が「仕事を楽しむためには」を考え直す**ことが必要であるということです。そうしなければ、個人の成長はおろか、チームとしての成長も鈍化してしまうでしょう。

ポイント
上司も自分のために仕事をする

◇笑顔が不気味だから、思い切って爆笑する

まず、「仕事を楽しむ」ために改善していただきたいことがあります。それは、**あなたが知らぬ間に発している「威圧感」**です。これを改善するためには、第1章から伝えている通り、笑顔が有効です。また、笑顔により幸福感も向上するため「仕事への楽しさ」が自然と増していくという効果までついていきます。

そして、あなたの表情が及ぼしている周囲への影響も大きく、特にマネージャーの表情の怖さは、『千と千尋の神隠し』に出てくる「湯婆婆」と同等の圧力があります。

余談ではありますが、ある会社様の若手社員で、出社した際にマネージャーの表情を確認して「今日は当たりの上司」「今日はハズレの上司」というように、毎日の運勢を上司の表情で占っている人もいるほどです。

根本のマインドから変えていきたいところですが一朝一夕では難しく、「表情」という表面的な部分だけでも変化させ「仕事を楽しんでいる顔」にすることで、徐々にマインドを変えていくことが必要になってきます。

さて、ここで一つ振り切れましょう。

なぜなら、普段から「笑顔」でいない方が表情を少し変えたところで、印象が変わることはありません。だからこそ、**「笑顔」ではなく「爆笑」を練習してください。**

もちろん何の脈略もなく、「爆笑」は難しいと思います。それであれば、いつもより大きく笑うだけでも結構です。気をつけていただきたいのは、普段から笑っていない方が中途半端に笑顔を練習したとしても、ぎこちない笑顔になってしまい部下から「上司が最近、不気味です……」とSNSで呟かれることになってしまうだけです。

マネージャーが職場でいつもより大きく笑うことで、心理的安全性が生まれやすくなります。なぜなら、「笑う」という行為は、自己開示だからです。普段の職場で相手の感情が如実に見えることといえば、「怒り」や「悲しみ」に関することくらいではないでしょうか。

例えば、「悲しみで泣いている人」を見たら「悲しくなる」ように、人の感情というものは、伝播します。だからこそ、心理的安全性の2つの要素でもある、①安心安全な場が生まれ、また、話しても良いかなと、②チャレンジしやすい環境が生まれていきます。

私が衝撃を受けた効果があります。ある会社様でマネージャー向けにアイスブレイクとして爆笑をするというワークをしました。普段から表情が怖く近寄り難い雰囲気を纏っているマネージャーの方が、いざ爆笑ワークとなった際に「キャハハハハーハハーキャハ！」と暴走したピエロのような笑い声をあげました。普段から笑わない方だったからこそ、調節のネジがバカになってしまっていたようでした。

会場は驚きで一瞬キーンと冷たくなりましたが、一瞬の間の後に爆笑に包まれました。

そして、変化はここから訪れました。

数ヶ月後、そのマネージャーの方からお礼のメールをいただきました。

> 先日は、ありがとうございました。
> 職場で大きく笑うことを意識するようになって、最初は怖がられていました……。しかし、徐々に自分の周りでも笑顔が増えていくのが実感できました。一番の変化を感じたのは、先日、初めて部下の方から悩みを相談されました。嬉しさと驚きでお礼メールをさせていただきました。

たかが、表情だけ……と思われがちですが、関係構築が上手くいかない一歩目のボトルネックなんていうものは、その程度のことだと思います。

そして、「楽しんで働いている表情」だけでも作り働くことで、周囲にも伝播し笑顔が生まれます。なぜなら、第5章の相関図でもあなたに描いてもらったように、人間関係は屈折しながらも全てが繋がっているからです。ぜひ、楽しんで実践してみましょう。

ポイント **笑顔が苦手な人は、笑顔でなく爆笑を練習する**

◇今の時代に必要な「叱る力」とは

さて、ここまでは**「関係継続：この人から学びたい」**を部下から獲得する前に、一刻も早くやるべきこと2つを説明してきました。ここからは本題でもある「関係継続：この人から学びたい」を部下から獲得するための具体的な方法について説明していきます。

前段部でもお伝えした通り、部下は「厳しくても」「緩くても」やめてしまう繊細極まりない状態です。つまり、成長実感を覚えることが何よりも重要ということです。

図39◆部下を叱る3つのステップ

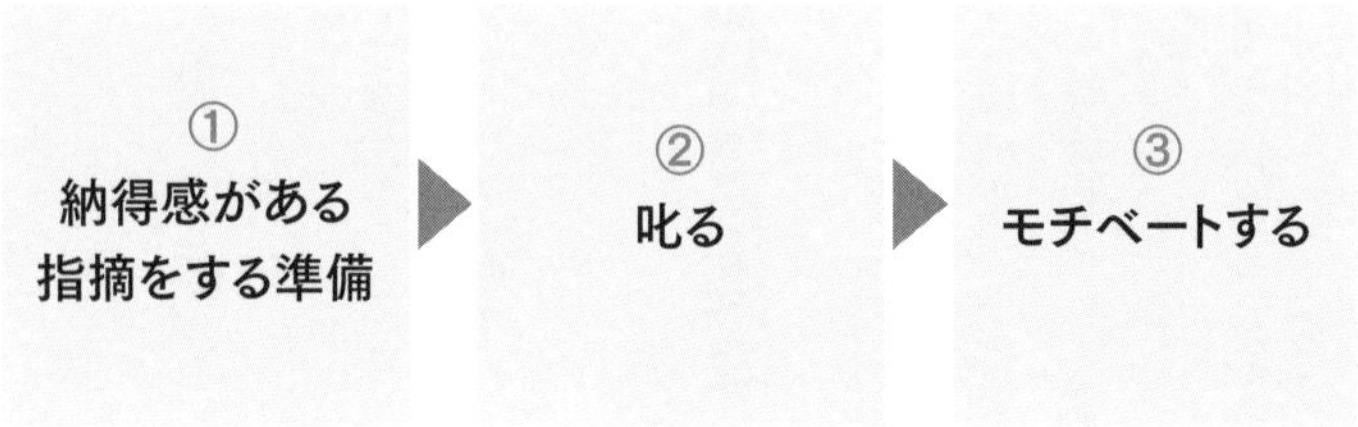

ただ、部下が成長実感を得るためには、「間違いを指摘する」などの相手のモチベーションを下げかねないことを、必ず伝える必要があるわけです。つまり、上司の「叱る力」が非常に重要になってきています。

株式会社俺の言う「叱る力」とは、簡単にお伝えすると**「部下が『怒られた』ではなく『成長できる』と思えるように伝える力」**のことを言います。それでは、具体的にどうすれば良いのか、3つのステップに分けて解説できればと思います。

ポイント 厳しすぎず、優しすぎず、
でも成長できるを目指す

①納得感がある指摘をする準備

叱り方の中で、重要なポイントとして「納得感」があります。あなたも、今まで「なぜ怒られたのか」を理解できず気分だけ悪くなったことがあったかと思い

ます。納得感を持たせるためには、部下と関係性があることが重要ですが、もう少し手法の方へ寄せて説明していければと思います。

・「取り扱い説明書」を共有する

この「納得感」を相手から得るためには、必ず準備が必要です。それは、**マネージャーと部下との間で互いの「取り扱い説明書」を説明し合う機会を持つ**ことです。

第4章の「シネマワーク」のような価値観を理解するようなことも重要なのですが、もっと解像度を上げて部下を理解しないと「納得感」にはつながりません。そして、重要なのは互いの「取り扱い説明書」を作って理解し合うところにあります。なぜなら、一方だけを理解してもコミュニケーションは相互関係のため、上司のことも知ってもらう必要があるわけです。

では、具体的にどのようなことを「取り扱い説明書」で共有することが重要なのでしょうか。項目を具体的に見ていきましょう。中北軍団で実際に活用していたものを参考に説明させていただければと思います。

図40のような項目を互いに共有することで理解を深めていきます。そして、「納得感」

図40◆上司と部下の「取り扱い説明書」

氏名		趣味	
好き		嫌い	
言われたら嬉しい形容詞		言われたら腹が立つこと	
大切にしている価値観			
人生を作っている経験			
今後のキャリアについて		伸ばしていきたい能力	

を得るために特に押さえたいのは、「今後のキャリアについて」「伸ばしていきたい能力」です。ここを把握する必要があるわけです。

もちろん、みなさんもご存知の通り、「納得感」が高まる指摘の仕方は、部下の「今後の理想」を把握し、実現するためのアドバイスとして「何が課題なのか」を指摘するというものです。

ただ、これが異常に今の時代難しくなってきています。そのため、この指摘をするためには、もう一つやることがあります。これは、**「上司こそが仕事を楽しむ」**という部分にもかなり影響を及ぼします。

図41◆3つのキャリア論

『山登り型・川下り型』

→ 自分は目標を掲げ進んできたのか、
目の前の課題に取り組みスキルや次の機会を獲得してきたのか

『計画された偶発性』

→ 自分はどのようにして想定しえないことが起こる中で
チャンスや転機を摑んできたか

『キャリアアンカーとキャリアサバイバル』

→ キャリアを積んでいく上で“自分の譲れない価値観”を重視してきたのか
その時々の“周囲や組織からの期待”を重視してきたのか

・上司も自分のキャリアを描く

昨今は「キャリア自律」といって、企業主導ではなく、個人が自分のキャリアを考えて自律的にキャリア開発を行っていくことが求められてきています。上司からすると聞き慣れないのが正直なところです。

つまり、部下から「今後のキャリアについて」相談を受けたとしても価値ある指摘ができず、「関係継続：この人から学びたい」を獲得することが難しくなっているわけです。

だからこそ、**改めて上司も「今後のキャリアについて」考える機会を設ける**必要があります。

数多くあるキャリアに関する理論の中で、過去のキャリアを見て「どの理論の考え方に近いのか」、未来のキャリアを考えて「どの理論をもとに考えるとしっくりくるのか」などを検討し、自分で「今後のキャリア像」を作ることが必要です。参考までに本書でも登場したキャリア論も含め3つほど図41に掲載しておきます。キャリア論から思考しやすいように、問いもあわせて記載しておきます。

上司も「今後のキャリア像」を作ることによって、初めて部下のキャリアについての考え方を理解できると共に、上司自身も今の仕事に対して「思い」が整理され「意味を感じ」「没頭し」「仕事を楽しむ」へ変化していくことができるわけです。

ポイント　相手の今後のキャリアを聞くだけでなく、自分もキャリアを伝える

②叱る

さて、ここからは、どのように「叱る」とよいのかについて解説していきます。その前に、分かりやすく比較できるように、**部下から幻滅される「叱り方」**について触れておければと思います。

具体的に、3つお伝えすると……、

・高圧的な態度で感情に任せて伝える

これは、正直論外なのですが、ついつい人間はイライラしている時に指摘をしがちです。

すると、その部下はイライラとは関係ないにもかかわらず、厳しいだけの指摘をしてしまうことに繋がります。「自分がイライラしているな……」と思ったら、部下に「ちょっと待ってね」と伝え、漫才の動画を部下と一緒にでも見てください。冷静さを取り戻し「笑い」によって幸福感と生産性も向上します。

・自分を正しいと思い込み決めつけて伝える

聞く耳を持たない、という最悪なパターンです。この手のパターンは、齟齬《そご》が生まれる可能性も多く、仮に上司が指摘の途中に「あれ……俺、間違ってるかもな……」と思ったとしても、一貫性の法則が働き、後に引けなくなり力業で指導を締め括ります。もちろんのこと部下は、全力で不満しか残りません。さらに、最悪なことに齟齬が生まれているので互いが理解するために時間が必要になり、指摘されるストレスフルな時間が必要以上に長くなります。地獄でしかありません。

・本人や会社の目的・目標と繋がりのない場当たり的な指摘をする

「取り扱い説明書」を書いた意味は、ここにもあります。この場当たり的で正解が見えない指摘が、働くことへのモチベーションを著しく低下させ、「関係継続：この人から学びたい」という気持ちを漂白剤のように真っ白く消し去ります。

そして、最悪な副産物として「上司に怒られないために……」という、受け身的な正解探し人材を育成してしまいます。そんな上司こそ、漂白剤で一回洗った方がいいかもしれません。


では、ここからは**部下から力になりたいと思われる「叱り方」**について紹介していきます。先に否定しておくと、「褒めて」から「叱る」そして「褒める」のような手法もあろうかと思います。

それも、悪くはないと思いますし、私も使用することもあります。ただ、率直にいうと「伝えるべきことが伝わりづらい」という特徴があります。また、人によっては「褒められたところ」だけしか記憶として持ち帰らない人も少なくありません。私としては、「叱る」と「褒める」を完全に切り離すことをお勧めします。

それでは、部下から力になりたいと思われる「叱り方」について、具体的に3つ挙げます。

・コミュニケーションが取りやすい態度である

感情は伝播する傾向があるため、「怒り」の感情で伝えると、シンプルに相手も「怒り」のスイッチが押され、心が閉ざされます。また、見当違いなことを伝えている場合、相手からの弁明の余地を持たせることにも繋がります。

加えて、勘違いのないようお伝えすると、「厳しくすること」は「声を荒らげること」ではありません。相手の基準値を高めることが、本来の厳しくするという意味です。

・**相手に合わせた伝え方になっている**

合わせるのは、「取り扱い説明書」にもあった、相手の「大切にしている価値観」という部分もあれば、「ストレス耐性」なども含まれます。これは、ある意味では「地雷を回避する」ということでもあります。人によって響きやすい言葉や傷つきやすい言葉が存在しています。

例えば、私が経験したソフトな「地雷」を3つほど簡単に紹介すると……、

・体育会系で「なんでも大丈夫」のような発言や空気を出しているが、人一倍の繊細さを持っている人

・繊細そうな立ち振る舞いだが、オブラートに包んで言うと、はっきりと言われないこ

図42◆良い叱り方、悪い叱り方

部下から幻滅される「叱り方」

1 高圧的な態度で感情に任せて伝える

2 自分を正しいと思い込み決めつけて伝える

3 本人や会社の目的・目標と繋がりがない場当たり的な指摘をする

部下から力になりたいと思われる「叱り方」

1 コミュニケーションが取りやすい態度である

2 自分の価値観を押し付けず相手に合わせた伝え方になっている

3 目的や成長に繋がる指摘となっておりモチベーションが上がる

とへの不満が溜まってしまう人

・何でもフィードバックを下さいと言われたのでいざフィードバックをすると、信じられないほど拗ねる人

このような「地雷を回避する」ために、関係構築を自分から行い、本来の相手に合わせたコミュニケーションを取る必要があるわけです。また相手とフィードバックの振り返りを行うとより相手に合った伝え方に変化していきます。

・目的や成長に繋がる指摘となっている

「取り扱い説明書」を書いた意味は、最後ここに繋がってきます。部下が、成長実感を持ち働くためには非常に重要になるわけです。

また、ここを押さえていなければ「関係継続：この人から学びたい」と思うことはありません。

もう少し具体的な指摘の方法を伝えると……、

①なぜ、それはダメなのか：理由を明確に伝える
②それについて上司はどう思うのか：上司自身の意見を伝える
③解決策を提示する：もしくは部下に考えてもらう

このような3つのステップで進めていけるとより伝わりやすいです。②が重要であり、「会社として決まっている」「そういうものだ」などの理由を言われた途端に「上司と関わる意味」が失われます。なぜなら、聞いても無駄だと部下は認識するからです。

最後に、③の解決策を提示します。ただ、解決策を提示しても部下が納得していなければ、行動を起こさないことの方が多いです。行動を起こさない場合は、第6章でも紹介した「決めつけコーチング」を実施してみてください。まずは、**行動してみて成功体験を積ませ、変化をさせてください**。

また、前段部でもお伝えした通り、上司が全て解決できるわけではありません。お勧め

としては、部下の成長度合いも加味して、一緒に解決策を考えるのも有効です。

ポイント 相手に合わせた伝え方を意識する

③モチベートする

「叱る」と「褒める」を切り離すと伝えたように、ここからは「褒める」のステップに行きます。このステップの重要なポイントは、「褒める」ことが目的にならないことです。「褒める」ことが目的になってしまうと、薄っぺらい言葉を並べてしまい「噓くささ」が職場中に臭ってしまい換気が必要になります。また、部下も「褒められたい」と思うようになり承認欲求モンスターとなる危険性があります。あくまでも「モチベートする」ことを目的としてください。そのために、必要な方法を2つお伝えします。

・最後にポジティブな言葉を言い切りで伝える

1on1や指摘をする場面で、最後は必ずポジティブな言葉で終わってください。必要のない言葉としては、「まあ頑張って」「でもやれると思うけどな……」など、歯切れが悪いポジティブな言葉は、むしろ逆効果です。

そうではなくて、「○○なら絶対にできる」「期待している」と断定的にポジティブな言葉で背中を押してあげてください。人は、相手に対して断定的なことを伝えることにブレーキがあります。そのため、他者から断定的な言葉でポジティブな言葉を伝えられたことが少なく、非常に効果的です。その他のポジティブな言葉は、第2章で紹介した、株式会社俺の社員が、私から言われてモチベーションが上がった言葉10選も参考にしていただければと思います。

・相手の感情に届くアプローチを探る

叱り方と同様に、相手のタイプによってモチベートされる言葉やアプローチが異なります。合わない言葉やアプローチを行ったところで、相手がモチベートされる可能性は低く、むしろ「期待されすぎている……」とプレッシャーに感じることすらあります。

株式会社俺の事業の一つ「お笑い芸人からの転職支援『芸人ネクスト』」では、夢を諦めたお笑い芸人の方がモチベートされ就職活動を開始できるように、相手がモチベートされるアプローチを探りながら面談を行います。具体的には、5つのアプローチ方法があり、そのいずれかになることが多いです。

①「絶対にできる」と過去・現在・未来を承認する（承認欲求がスイッチ）
②「あなたはこんなものなの？」と基準値を上げる（なにクソがスイッチ）
③「自己開示」をして関係構築する（相手との信頼関係がスイッチ）
④「他人の努力・感動話」をする（熱いものに触れることがスイッチ）
⑤「大切な人」が望む未来を伝える（大切な人の幸せがスイッチ）

当然、どれか一つだけでモチベートをするのではなく、相手の状況にも合わせて①〜⑤を組み合わせながら進めていきます。例えば、「自分に自信がない人」に対して②のアプローチをすると「辛いだけ」になってしまいます。逆に「自信があり成長したい欲求が高い人」の方が②のアプローチがマッチします。このように相手のタイプを見極めて①〜⑤を組み合わせて行ってみてください。

・自分から話しかける

最後に、意外と忘れられがちですが重要なポイントをご紹介できればと思います。3つのステップで叱った後に、部下に話しかけるのは「上司から」をお勧めしています。

仮に、モチベートができたとしても「叱られた人」は、「申し訳なさ」「気まずさ」があるので、上司への主体的なアクションを制限してしまう傾向があります。

そのため、必ず上司から話しかけることを心がけてください。ついつい「叱った人」は、これをきっかけに変化してほしいが故に、受け身的な姿勢をとってしまいます。部下からすると少し苦しい可能性が高いです。

さて、3つのステップに合わせて「叱る力」を紹介してきました。このような「叱り方」を駆使し、「②関係継続：この人から学びたい」を獲得していっていただければと思います。

あなたから「叱られること」が相手にとって「楽しみに」変わることを期待しています。

あなたならできる！

ポイント **叱った後に、話しかけるのは上司から**

第　7　章　の　ま　と　め

1 心理的安全性などが浸透し、部下よりも上司の方が生きづらくなってきた

2 上司も結局コミュニケーション力が高い人が好まれる

3 理想の上司像を捨てる。部下を引っ張らなくていい、優秀でなくていい

4 上司も自分のために仕事をしなさい

5 笑顔が苦手な人は、爆笑を練習する

6 厳しすぎず、優しすぎない叱り方をマスターする

7 相手にあわせて伝える

8 叱った後に話しかけるのは、上司から

おわりに

まずは、ここまでお読みいただき本当にありがとうございます。心から感謝いたします。

普段の人間関係が、少しでも「楽しく」なればと思っています。私自身が元お笑い芸人にもかかわらず、人間関係で悩みに悩んできました。生きづらい世界だとずっと思って生きてきました。

本書でも紹介したような「破滅思考」で私も生きており、人生を楽しめていなかったと思います。本来であれば、好きな人に人生を注いだ方が良いことも分かってはいるけれど、決断できない自分もいました。人間関係の「断捨離」を初めてしようと決めたときには「本当に大丈夫かな……」と震えたのを覚えています。

私自身が、試行錯誤を繰り返し、時には傷付き、手応えを感じ、ブレない自分を持ち、人生を変えてきたノウハウを惜しみなく本書には詰め込ませていただきました。

このビジネスの世界に生きる人たちは、仕事を楽しむことを忘れてしまっています。

この「笑い」を使ったノウハウを使い、自分だけでなく周囲が楽しめる環境を作り出すことによって、世の中が今よりもちょっと面白おかしくなればと心から思っております。

本書のノウハウを全て満点で実行することはハードルが高いと思います。まずは、小さな一歩から始めてもらえると幸いです。

最後に、一歩踏み出せない「あなた」に明石家さんまさんの素敵な言葉をお送りします。

満点なんか取らんでええねん
満点は星空だけで十分や

明石家さんま

【著者紹介】
中北朋宏（なかきた　ともひろ）
株式会社 俺 代表取締役社長
浅井企画に所属し、お笑い芸人として6年間活動する。その後、人事系コンサルティング会社に入社し、内定者育成から管理職育成まで幅広くソリューション企画提案に携わる。入社3年でナンバーワンとなる。その後、インバウンド系事業のスタートアップにて人事責任者となり、「制度設計」「採用」などを担当。2018年2月9日に株式会社 俺を設立。“夢諦めたけど人生諦めていない人のために”をコンセプトに、お笑い芸人からの転職支援「芸人ネクスト」や笑いの力で組織を変える「コメディケーション」を展開中。コメディケーションは約260社に提供。受講者は2万6000名を超える。
著書に『「ウケる」は最強のビジネススキルである。』『コンプレックスは営業の最高の武器である。』（いずれも日本経済新聞出版）がある。

おもしろい人が無意識にしている　神雑談力

2023年10月 3 日　第 1 刷発行
2023年10月31日　第 2 刷発行

著　者――中北朋宏
発行者――田北浩章
発行所――東洋経済新報社
〒103-8345　東京都中央区日本橋本石町 1-2-1
電話＝東洋経済コールセンター　03(6386)1040
https://toyokeizai.net/

装　丁…………小口翔平＋後藤司（tobufune）
カバーイラスト……髙柳浩太郎
イラスト…………ひらのんさ
D T P…………美創
写　真…………株式会社 俺／ピクスタ
印　刷…………図書印刷
編集担当………寺西鷹司
　ISBN 978-4-492-04743-9